최면상담의 핵심과 무의식의 변화

최면상담

최면상담

초판 1쇄 발행 2025년 9월 22일

지은이 김종일
펴낸이 장길수
펴낸곳 지식과감성#
출판등록 제2012-000081호

교정 정은솔
디자인 강샛별
편집 윤혜성
검수 한장희, 정윤솔
마케팅 김윤길

주소 서울시 금천구 벚꽃로298 대륭포스트타워6차 1212호
전화 070-4651-3730~4
팩스 070-4325-7006
이메일 ksbookup@naver.com
홈페이지 www.knsbookup.com

ISBN 979-11-392-2806-9(03180)
값 16,800원

- 이 책의 판권은 지은이에게 있습니다.
- 이 책 내용의 전부 또는 일부를 재사용하려면 반드시 지은이의 서면 동의를 받아야 합니다.
- 잘못된 책은 구입하신 곳에서 바꾸어 드립니다.

지식과감성#
홈페이지 바로가기

최면상담의 핵심과 무의식의 변화

최면상담

김종일 지음

최면상담이란 무엇일까?
최면상담의 효과는 무엇 때문일까?
무의식에 억압된 감정 덩어리가 문제이다.
최후에 최면상담이 아니다.
처음부터 최면상담이 가장 좋다.

CONTENTS

제1편   의식과 무의식 핵심

제1장 무의식 이해하기

1. 의식과 무의식   12
2. 콩 심은 데 콩 나고 팥 심은 데 팥 난다   14
3. 세 살 버릇 여든 간다   15
4. 《어린 왕자》의 소행성 B612, 바오밥나무   17
5. 심은 대로 거두리라   19
6. 인과법, 원인이 있어서 자라나고 결과가 나타난다   20
7. 자동차 운전과 무의식   22

제2장 마음의 병, 심리적 고통, 심리문제의 실체

1. 트라우마: 자라 보고 놀란 가슴, 솥뚜껑 보고 놀란다   24
2. 중독: 술이 술을 먹는다   26
3. 상시에 먹은 마음이 취중에 난다   27
4. 상시에 먹은 마음이 꿈에도 있다   29
5. 난봉자식이 마음잡아야 사흘이다   30
6. 마음이 풀어지면 하는 일이 가볍다   31
7. 빚쟁이 발을 뻗고 잠을 못 잔다   32
8. 도둑이 제 발 저리다   33
9. 아니 땐 굴뚝에 연기 날까?   34
10. 작심삼일이다   36

제2편 최면상담 이해

제1장 최면상담

1. 최면상담 개념   40
2. 최면상담 과정   40
3. 심리문제의 조건형성   42
4. 심리문제의 표출: 조건형성과 반사적 반응   42
5. 최면상담 개념도: 원인 해소와 결과 해소   44
6. 심리상태의 변화 과정   45
7. 문제점과 전체 인격, 인간은 불완전한 존재이다   47
8. 상담과정: 익숙함과 낯설음 그리고 저항, 혼돈과 질서   48
9. 카펫 털기   49
10. 과유불급, 지나침은 부족함만 못하다   50
11. 부정적 조건형성과 대안   52

제2장 조건형성과 상호작용

1. 나만 이런가?   54
2. 저 인간만 아니면?   55
3. 나와 타인의 부족, 잘못이 아닌 상황이 나빠서이다   58
4. 인간관계를 보호하려고 꾹 참다가 결국 터진다   59
5. 내심외경, 불취외상 자심반조   61
6. 정(淨), 부정(不淨)이 어디 있나? 일체유심조(一切唯心造)   62

제3편 최면학

제1장 최면학의 역사

1. 최면학의 개관 … 66
2. 최면현상의 발견과 기원 … 68
3. 메스머 … 69
4. 브레이드 … 71
5. 리보와 베른하임 … 72
6. 샤르꼬 … 73
7. 프로이트와 브로이어 … 74
8. 쿠에의 자기암시 … 76
9. 미국 최면의 발전 … 77
10. 국내 최면 도입과 활성화 … 79

제2장 최면이론

1. 최면 … 81
2. 최면상태 … 82
3. 최면감수성 … 85
4. 피암시성 … 86
5. 신뢰관계 형성 … 87
6. 최면에 대한 왜곡된 인식 … 87
7. 최면의 적용 … 90
8. 최면의 종류 … 91

제3장 최면 예비단계

1. 최면상담사의 준비　　　　　　　　　　　93
2. 최면상담실 환경　　　　　　　　　　　　94
3. 최면상담사의 마음가짐　　　　　　　　　95
4. 내담자의 최면 받는 자세　　　　　　　　96
5. 최면상담사의 최면유도 위치　　　　　　97
6. 내담자의 긴장과 불안　　　　　　　　　98
7. 내담자의 최면 저항　　　　　　　　　　99
8. 내담자 초기 면접과 신뢰관계 형성　　　101
9. 심신이완과 호흡법　　　　　　　　　　102
10. 최면유도 음성　　　　　　　　　　　　104
11. 최면암시　　　　　　　　　　　　　　105

제4편 최면기법 실기

제1장 피암시성 검사

1. 펜듈럼 검사법   109
2. 폐안법   111
3. 손개폐법   112
4. 신체후도법   114
5. 사시검사법   116

제2장 최면유도기법

1. 폐안법   119
2. 최면휠 응시법   122
3. 손개폐법   125
4. 신체후도법   129
5. 손 하강법   132
6. 메트로놈 활용법   135
7. 심상법   138
8. 무찰법   142
9. 신체이완법   144

제3장 최면 심화법

1. 수세기법   153
2. 분리법   154
3. 연합법   156
4. 무조건적 긍정적 존중법   158
5. 암시휴지법   161
6. 최면경험 듣기   162

제5편 최면상담의 적용

제1장 심리상담 및 심리치료

1. 우울장애, 건들면 왠지 슬프고 눈물이 난다,
   아무것도 하고 싶지 않다   166
2. 불안장애, 나도 모르게 후두둑 긴장과 불안이 밀려온다   167
3. 공황장애, 갑자기 죽을 것만 같은 공포심   168
4. 대인기피, 대인공포, 사회공포증, 사람이 좋다고?
   아니 나는 왠지 두렵다   169
5. 중독상담   171

제2장 학습력 증진

1. 학습장애   174
2. 시험불안   175
3. 집중력   176
4. 틱장애   177

제3장 자기관리 최면

1. 자기최면명상 마음관리법   180
2. 자존감 증진, 자기 사랑하기   186

참고문헌   191

제1편

의식과 무의식 핵심

우리는 모두 무의식적으로 살고 있다.
무의식의 핵심원리를 이해하고 활용하기 위한 생활 속 경험들을 살펴본다.

제1장 | 무의식 이해하기

1. 의식과 무의식

　의식이 오감(시각, 청각, 촉각, 미각, 후각)이 반응하는 현재 상태의 인식이라면 무의식은 의식 활동에서 얻은 지적 정보와 경험 정보를 저장하는 저장장치, 즉 기억의 창고와 같은 기능을 한다.
　인간의 정신 활동 중 약 10퍼센트가 의식 활동이고 90퍼센트 정도가 무의식 활동이라고 한다. 무의식이라는 저장장치는 단지 기억을 저장하는 기능에 머물지 않고 어떤 것이 저장되었느냐에 따라 우리의 삶에 긍정적이거나 부정적인 영향을 끼치게 된다. 인간의 이상심리라고 하는 비정상적이고 병적인 심리상태는 과거의 부정적 정보나 문제적 경험이 무의식에 억압되어 있다가 유사한 조건에서 유사한 자극에 의해 의식 밖으로 표출되는 현상이다. 욕구가 과잉충족된 경우와 과소충족된 경우 모두 현실의 삶에서 이상심리나 이상행동으로 나타나기도 한다.
　우리는 무의식에 가라앉아 있던 문제가 의식의 표면으로 드러나는 과정을 즉시 알아차리지 못하기에 당황하게 된다. 이는 무의식에 억압된 문제 경험들은 자신도 모르게, 반사적으로 반응하고 욱하거나 울컥하는 등의 감정 형태로 표출되기 때문이다. 그 현상은 파블로프의 조건-반사 실험과 유사하게 나타난다. 무의식에 조건이 형성된 후 유사 자극에 반사적으로 반응을 일으키게 되는 것이다.

반사적 반응이 반드시 부정적인 것만은 아니다. 가령, 영어공부를 지속적으로 반복하면 영어능력이 뇌에 조건형성되어 필요할 때마다 적절하게 반응이 나타나는 학습의 원리도 이와 같은 것이라 할 수 있다.

의식, 무의식, 마음, 뇌의 특성과 현상은 이렇게 인간의 정신건강과 삶에 큰 영향을 끼친다. 다양한 예를 통해 그 특성을 깊이 이해해 보면 좋을 것이다.

그림 1. 의식과 무의식

2. 콩 심은 데 콩 나고 팥 심은 데 팥 난다

무의식에 심어진 원인에 따라 표면의식에 그 결과가 나타난다.
콩 심은 데 콩 나고 팥 심은 데 팥 난다.
무의식의 법칙은 이 속담과 똑같이 우리 삶에 나타난다.
무의식이라는 곳은 마치 비옥한 토양과 같다.
무엇을 심든 무럭무럭 자라나는 곳이기 때문이다.
무의식이라는 토양에 팥을 심는다면, 원했든 원하지 않았든 결국 팥이 자라게 된다.

무의식에 내가 심든, 타인이 심든, 어떤 일, 사건, 사고가 심었는지와 상관없이 고통이라는 씨앗을 심으면 그 고통이 즉시 또는 점점 자라난다.

무의식이라는 비옥한 토양에 고통, 분노, 불안이라는 원인을 심으면 고통, 분노, 불안이라는 결과가 나타난다. 영어를 심으면 영어가, 구구단을 심으면 구구단이 나타난다. 이와 같이 무의식 영역의 특성은 어떤 원인으로 심겼든 구분하지 않고 의식 영역으로 그 결과를 표출한다는 것이다.

무의식이라는 비옥한 토양은 이렇듯 어떤 것을 심든 긍정, 부정을 구분하지 않고 심는 대로 무럭무럭 자라게 하여 우리의 삶에 직접 영향을 끼친다.

심리학의 아버지 프로이트는 "원인이 멈추면 결과가 멈춘다."라는 심리상담 및 심리치료의 대원칙을 말했다.

즉 원인이 된 문제점들을 심리상담 및 심리치료 방법을 통해 해소함으로써 결과적인 문제들을 해소한다는 원칙이다.

만약 기억의 창고라는 무의식에 구구단을 잘못 암기해서 입력하면 결과는 오답이 나온다. 이때 구구단을 올바르게 수정하고 다시 암기하여 공부나 생활에 올바르게 활용해야 하는 것은 당연하다.

이와 같이 무의식에 잠재되어 문제를 일으키는 어떤 것들은 문제탐색을 통해 발견하고 수정할 수 있다. 또한 마음의 고통, 정신장애, 심리문제들도 심리상담 및 심리치료를 통해 수정함으로써 마음의 건강과 안정감을 회복할 수 있고, 더 긍정적으로 변화, 성장하거나 성숙해질 수 있다.

그림 2. 심는 대로 자란다

3. 세 살 버릇 여든 간다

무의식에 심어진 초기기억, 초기경험들은 전생애적으로 영향을 끼친다고 알려져 있다.

"세 살 버릇 여든 간다.", "바늘 도둑이 소 도둑 된다."라는 속담은 정확히 인간의 심리현상을 원인과 결과로 설명하고 있다.

즉 크고 작은 어떤 것, 긍정적, 부정적인 어떤 것이 어린 시절 무의식에 심어진 경우, 그것이 초기기억, 초기경험일수록 전생애적으로 영향을 끼친다는 의미이다.

세 살에 나쁜 버릇을 심든, 세 살에 좋은 버릇을 심든 여든을 간다. 작은 바늘 도둑질을 고치지 않으면 점점 더 커져 큰 소까지 훔치는 도둑이 된다는 속담은 심리학자들이 열심히 연구해 낸 결과와 일치한다.

무의식에 심어진 어떤 긍정적인 것, 부정적인 것은 성장과정이나 생활 속에서 반복, 지속함으로써 긍정적 강화 또는 부정적 강화를 일으키며 삶에 크든 작든 영향을 끼친다.

다행인 것은 세 살 버릇, 바늘 도둑의 초기경험이 성장과정과 현재에 문제를 지속적으로 일으킨다면 잘못 입력된 문제점을 찾아 수정할 수 있다는 것이다. 무의식에 잘못 입력된 문제점은 최면상담, 심리상담 및 심리치료를 통해 효과적으로 수정할 수 있다.

그렇다면 초기기억, 초기경험을 긍정적으로 형성하기 위해 우리는 자녀의 양육 과정에서 자녀에게 무엇을 심어야 할까? 지금부터 나 자신과 타인에게는 무엇을 심어야 할까?

주의할 점은 아무리 좋은 것도 지나치게 많이 심으면 오히려 문제나 고통이 될 수 있다는 것이다. 비옥한 토양이라는 무의식에 아름다운 꽃을 **빽빽하게** 심으면 어떻게 될까?

아름다운 꽃, 비옥한 토양, 모두 고통 속에서 망가질 뿐이다.

항상 꽃의 특성, 토양의 특성을 먼저 살펴보며 적절하게 심고 가꾸는 친절한 배려가 매우 중요하다.

그림 3. 세 살 버릇 여든 간다

4. 《어린 왕자》의 소행성 B612, 바오밥나무

생텍쥐페리의 《어린 왕자》에 나오는 그림에는 울창하게 자라난 바오밥나무가 소행성 B612 전체를 뒤덮어 버려서 어린 왕자가 난감해하는 장면이 나온다.

무의식은 비옥한 토양과 같아서 어떤 씨앗을 심든 구분하지 못하고 왕성하게 자라게 한다. 이런 점에서 소행성 B612는 무의식에 비유할 수 있다.

무의식에 어떤 마음씨를 심든 좋은지 나쁜지 구분하지 못하고 무조건 울창하게 자라게 한다. 좋은 마음씨를 심으면 좋은 나무가 울창하게 자라나 꽃이 피고 좋은 열매를 맺을 수 있지만, 나쁜 마음씨를 심으면 어린왕자의 바오밥나무처럼 울창하게 자라나 내 몸과 마음 그리고 내 삶을 집어삼킬 수 있다.

《어린 왕자》의 또 다른 그림에는 어린 왕자가 작은 삽으로 바오밥나무의 새싹을 찾아 캐내는 장면이 있다. 이 그림은 우리 무의식에 심어진 나쁜 씨앗에서 자라난 싹을 매일 캐내지 않으면 결국 나쁜 영향이 울창하게 자라서 고통스러운 상황이 됨을 말해 주고 있다. 따라서 매일매일 몸과 마음, 우리의 삶을 돌보고 가꾸는 성실함이 필요하다는 점을 비유하고 있다.

다행스럽게도 최면학, 상담학은 무의식에 부정적으로 심어진 씨앗, 새싹, 나무를 캐내고 좋은 마음씨를 심어서 성장하도록 돕는다.

그림 4. 바오밥나무와 소행성 B612

5. 심은 대로 거두리라

"심은 대로 거두리라(갈라디아서 6:6)" 어떤 씨앗을 심었느냐에 따라서 그 결과를 거두게 된다는 성경 말씀이다. "심은 대로 거두리라." 너무나 당연한 말이다. 벼를 심으면 벼가 자라고 콩을 심으면 콩이, 팥을 심으면 팥이, 바오밥나무를 심으면 바오밥나무가 자란다. 콩을 심었는데 팥이 자란다는 것은 있을 수 없다는 점에서 명백한 사실이고 진실이며, 진리의 말씀이라고 인정할 수밖에 없다.

무의식에 심은 대로 거두리라. 무의식에 어떤 마음씨를 심었다면 그 심은 것이 자라남이 명백하다. 구구단을 심으면 구구단이 자란다. 영어 단어를 심으면 영어 단어가 자란다. 만약 욕설과 비난을 심으면 욕설과 비난이 자란다.

이렇게 무의식이라는 토양에서는 심은 대로 거두고 뿌린 대로 거두게 된다. 어떻게 좋은 마음씨를 심고 어떻게 나쁜 마음씨를 캐낼 수 있을까? 그것은 가능한 일인가? 당연히 가능하다. 지금 캐내면 지금부터 마음의 밭은 비옥한 토양으로 회복되고, 다시 좋은 마음씨를 심어서 가꾸면 좋은 결과를 거두게 된다.

열심히 기도하는 것도 잘못된 씨앗을 캐내고 좋은 씨앗을 심고 가꾸는 좋은 방법 중 하나이다. 또한 최면상담은 무의식에 심어진 문제의 씨앗, 충격, 상처를 찾고 캐내는 유용한 해결방법이다.

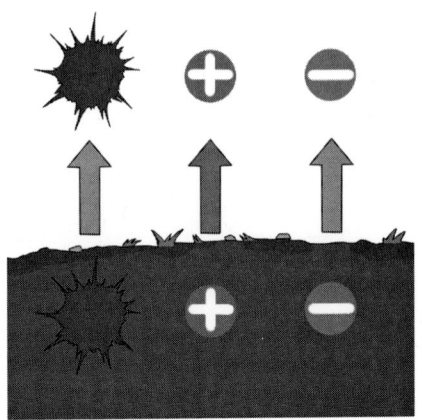

그림 5. 심은 대로 거두리라

6. 인과법, 원인이 있어서 자라나고 결과가 나타난다

불교의 인과법(因果法), 어떤 것이 나타나게 하는 원인(因)과, 원인이 자라날 수 있는 조건, 상황(緣)이 갖춰지면 반드시 그에 따른 결과(果)가 나타난다는 법 즉, 진리이다. 다시 말해서 어떤 현상을 원인과 결과로 인식하고 설명하는 법칙이다. 심은 대로 거두든, 뿌린 대로 거두든, 어떤 원인에 의해 결과가 나타난다는 것은 불변의 법칙이다. 불교에서는 마음을 마음밭이라고도 부른다. 마음밭에 무엇을 심느냐에 따라 그 심은 것이 자라난다. 즉 부처님을 심으면 부처님이 자라고 돼지를 심으면 돼지가 자란다. 그래서 부처님 눈에는 부처가 보이고 돼지 눈에는 돼지가 보인다고 말한다.

마음밭에 어떤 마음씨를 심는 것이 좋을까? 마음밭에 어떤 마음씨를 심을지 좋은 선택을 하는 것은 매우 중요하다.

인간, 삶, 자연현상, 그 어떤 것이든 생겨나고(生), 늙어 가고(老), 병들고(病), 결국엔 죽고(死) 멸(滅)한다. 즉 존재든 현상이든 나타났다가 사라진다. 생로병사이다. 어떤 것이든 인과법을 벗어날 수는 없다. 어떤 것을 인연하여 결과를 나타내든 모두 자업자득이라서 어떤 것에도 집착하지 말고 잘 인내하며 수행정진하면 고통으로부터 벗어날 수 있다고 한다. 어떤 것에 대한 집착이 고통을 만든다. 그 집착하는 것을 내려놓아야 한다. 그래야 마음이 편안해진다.

어떻든 마음, 무의식, 뇌에 원인이 심어졌고 자라나서 결과적으로 나타나는 현상을 통찰하고 변화, 성장, 성숙해지게 노력하는 것은 인간의 발달과업이자 수행자의 수행과업들이다.

이렇게 머리로는 이해하지만 많은 사람들이 정말로 궁금해하는 질문은 '문제는 알겠는데 어떻게 하라는 것이냐?'이다.

검증된 해결방법은 무엇이 있을까? 인간의 삶에 어쩔 수 없이 스트레스, 번뇌망상, 고통이 발생한다. 그것을 해결한 오랜 방법들인 수행, 기도, 최면상담, 심리상담 및 심리치료를 통해 원인을 해소하면 긍정적인 변화가 일어난다.

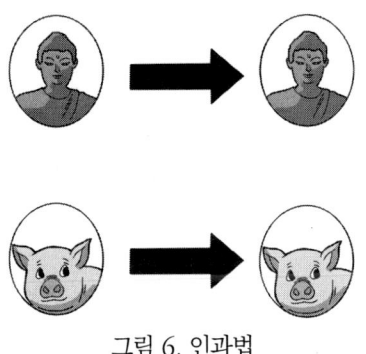

그림 6. 인과법

7. 자동차 운전과 무의식

자동차 운전은 의식적으로 할까? 아니면 무의식적으로 할까?
거의 무의식적으로 운전하고 있다면 믿을 수 있을까?

물론 의식적으로 운전하는 부분도 있다. 그러나 우리가 대부분의 운전을 무의식적으로, 반사적으로, 자동적으로 운전하고 있음을 알 수 있다. 만약 고속도로를 주행할 때 의식적 판단을 지속적으로 사용한다면 어떤 일이 발생할까? 어쩌면 사고 발생 가능성이 높아질 수도 있다. 의식적 운전을 많이 할 때는 초보 운전자가 운전을 연습할 때일 것이다. 그 후 도로 주행을 연습할 때까지 의식적으로 운전하다가 숙달되면 훈련된 내용이 무의식 영역에 통합된다. 이후에는 거의 자율주행 수준으로 시내 주행, 고속도로 주행을 무의식적으로 하는 것을 알 수 있다. 이러한 예가 바로 의식과 무의식의 상호작용이며 기능이다.

우리는 일상적으로 학습, 연습, 훈련할 때는 의식활동을, 학습이 충분히 된 후에는 무의식 활동을 통해 살아가고 있다. 만약 운전을 배울 때 교통법규를 준수하며 연습한 준법 운전자라면 그는 안전하게 자신의 자동차, 자기 자신, 사회를 보호하며 원만하게 살아가게 될 것이다. 그러나 초보 운전 시절부터 교통법규를 위반하는 것이 습관이 된 난폭 운전자는 자신의 자동차, 자기 자신, 타인, 사회에 큰 피해를 끼치며 살게 된다. 여기에서 주의 깊게 생각할 것은 위법운전을 자주 하면 자신도 모르게 무의식적으로 교통법규, 질서를 위반하게 된다는 점이다. 아무 생각 없이 순간순간 법규를 위반하며 교통사고를 내게 된다. 그렇게 의식활동을 통한 학습, 연습, 훈련을 잘못된 방식으로 하면 결국 무의식 영역에 입력된 잘못된 정보는 나도 모르게 반사적으로, 자동적으로, 무의식적으로 작용하여 사고나 오류를 일으키고 큰 손실을 초래한다. 준법운전이든 위법운전이든 무의식에 심은 대로 우리 삶에 그 결과가 나타나는 것이다.

그림 7. 자동차 운전과 무의식

제2장 | 마음의 병, 심리적 고통, 심리문제의 실체

1. 트라우마: 자라 보고 놀란 가슴, 솥뚜껑 보고 놀란다

자라가 그렇게 무섭고 위협적인 동물은 아니다. 그러나 어떤 사람은 자라 보고 크게 놀랄 수 있다. 이렇게 개인적 차이에 따른 주관적 경험과 인식은 심리적 문제와 고통을 일으킨다. 따라서 "너는 뭘 그런 걸 보고 놀라니?"라는 핀잔은 그 개인의 특성을 무시하는 말이 된다.

'그래, 자라 보고 놀랐구나'라고 말하며 공감해 주고 위로해 주는 방식이 심리상담에서 사용하는 의사소통 방식이다. 즉 어떤 반응이나 경험에 대해 있는 그대로 경청하고 공감하며 존중해 주는 방식이다.

무의식 영역의 반응은 한번 또는 반복된 자극, 충격이 입력된 후 유사한 자극, 충격에 나도 모르게 반사적, 자동적, 무의식적으로 반응하게 된다. 이러한 자극-반응이 장기간 반복되고 지속되면 개인의 습관 또는 성격인 것처럼 여겨진다.

자라 보고 놀란 경험(무의식에 심어진 충격)은 그것을 다시 생각하거나 상상하는 것만으로도 실제로 현재 자극받는 것과 유사한 경험으로 축적된다.

그 후 우연히 솥뚜껑을 볼 때 심리내면에 억압된 놀랐던 경험이 표출되어 솥뚜껑을 자라로 착각하며 깜짝 놀라는 반사적 반응이 나타난다. 이와 같이 문제 경험은 생활 속에서 크고 작은 문제를 일으키는데, 이를 스스로 극복할 수도 있지만 반복, 지속됨에 따라 부정적 강화가 일어나 심리상태가 악화되고 스스로 감당할 수 없는 지경에 이르게 된다.

심리적 문제나 고통을 해소하기 위한 최면상담, 심리상담은 원인이 된 문제경험을 탐색하여 해소함으로써 결과적으로 드러나는 고통, 지장을 해소하는 것이 핵심 과제이다.

각각의 원인에 따라 표출되는 심리적 고통, 장애, 신체화 증상은 다양하게 나타날 수 있다. 나는 무엇을 보고 놀랐을까?

그림 8. 자라와 솥뚜껑

2. 중독: 술이 술을 먹는다

술을 마실 때 적당히 마시는 단계를 넘어 나도 모르게 과음과 폭음을 반복하다가 술 의존증에 빠지는 경우가 있다.

술이 술을 마신다, 즉 내가 술을 마시는 것이 아니라 술이 술을 마신다는 것은 의식이 통제력을 잃은 상태를 일컫는다.

다시 말해, 무의식에 술 의존성이 심각하게 부정적 강화가 된 상태이다. 즉 음주 습관이 조건형성되면 조건-반사적으로 어떤 조건, 상황, 자극에서 자신도 모르게 반사적, 무의식적, 자동적으로 폭음하게 된다. 특히 술 의존증, 약물중독은 도박중독, 도벽, 게임중독, 성중독에 비해 뇌기능이 심각하게 손상되기 때문에 최면상담, 심리상담과 함께 정신과 약물치료를 병행하는 것이 좋다.

중증질환으로 알려진 중독은 최면상담, 심리상담의 대원칙으로 볼 때 무의식 영역에서 중독 조건형성이 된 것이 질병이나 여러 증상, 장애로 나타나는 것으로 다른 심리적 문제들의 양상과 다르지 않다. 따라서 중독은 다른 심리적 고통, 장애를 이해하는 것과 동일한 관점에서 최면상담, 심리상담을 적용할 때 동일한 효과를 거둘 수 있다. 왜냐하면 무의식에 문제를 일으키는 어떤 원인이 결과로 나타나는 원리는 동일하기 때문이다. 모든 심리적 문제, 고통, 지장들은 중독과 동일하게 무의식에 조건형성되어 반사적 반응, 무의식적 반응을 일으키며 여러 종류의 병명으로 불리게 된다. 그러므로 치료, 변화, 회복을 위해서는 조건형성된 원인들을 해소하는 개입이 핵심이다. 즉 문제를 밀어 올리는 무의식 속 조건을 해체, 해소, 변화, 변형하는 개입을 통해 결과적으로 의식수준으로 여러 가지 문제들이 표출되지 않도록 돕는 것이다. 이는 다시 문제를 반복하지 않아도 되는 상태로의 회복이라고 말할 수 있다.

우리의 무의식은 어떤 것에 중독될 수도 있고, 그 문제를 해소, 수정하면 마음은 다시 건강을 회복할 수도 있다. 나는 무엇에 중독되어 생활 속에서 고통과 지장을 반복, 지속하고 있을까?

그림 9. 술이 술을 먹는다

3. 상시에 먹은 마음이 취중에 난다

평상시에 어떤 마음을 계속 먹게 되면 술에 취했을 때 드러난다는 속담이다. 이와 유사한 말로 사람은 술을 먹여 봐야 본색을 알 수 있다는 말도 있다. 즉 사람이 술에 취하면 마음속에 품고 있던 진심이 밖으로 드러나기 때문이다. 술에 취하면 어떤 사람은 화를 버럭버럭 내고, 어떤 사람은 예전에 서운했던 이야기를 하며 엉엉 울기도 한다. 더 심하게 취하면 서로 멱살잡이하며 싸움이 벌어지기도 한다. 술에서 깨어난 다음 날 사람들은 말한다. 어제 무슨 일이 있었는지 기억이 나지 않는다고. 즉 자신도 모르게 무의식적으로, 반사적으로 이상행동이 나타난 것이다.

술에 취하면 최면상태의 반응처럼 무의식 깊숙한 곳의 생각, 경험, 문제점들이 드러나게 된다. 평상시에 부정적인 마음을 반복해 생각하고 감정을 참고 참고 또 참다가 술에 취하면 자제력을 잃고 폭발한다. 마음의 병, 문제들 역시 어떤 부정적인 마음을 평상시에 반복·지속적으로 생각하고 상상하며 감정을 눌러 참다 한순간 폭발하며 드러난다.

왜냐하면 참을 수 있는 인내심과 통제력은 한계가 있어서 그 고통이 개인의 주관적 한계점까지 치솟으면 견딜 수 없기 때문이다.

상시에 먹은 부정적인 마음은 어떤 자극, 조건, 상황에서 의식수준으로 드러난다. 그 후 그 힘든 마음은 스스로 수정, 극복되기보다는 반복됨에 따라 부정적 강화되어 병, 문제, 장애, 증상으로 나타난다.

내 무의식 속에서 상시에 어떤 마음이 자주 움직이는지, 그 움직임이 어떤 생각, 감정, 상상을 만드는지 잘 관찰하고 해소하면 마음의 건강은 회복될 수 있다. 지금 이 순간 나는 어떤 마음을 먹고 있을까?

그림 10. 상시에 먹은 마음이 취중에 난다

4. 상시에 먹은 마음이 꿈에도 있다

　상시에 먹은 마음이 취중에 나타나는 것처럼 꿈에서도 나타난다. 취중에는 그 마음이 밖으로 표출된다면 꿈은 평상시에 미해결된 생각, 감정, 경험, 문제들이 현실과 유사하거나 완전히 엉뚱한 형태로 나타난다. 꿈은 나의 의식, 의도와는 상관없이 나타나는 무의식 영역의 대표적인 작용이다. 어젯밤 꿈을 기억하든 기억하지 못하든 꿈은 내 마음 깊은 곳의 미해결 과제, 응어리, 서러움, 고통, 상처, 갈망들이 무의식적으로 나타나는 현상이다. 만약 상시에 먹은 마음이 꽃순이를 향한 짝사랑이라면 어떤 꿈을 꿀까? 꽃순이와 만나 데이트하는 꿈, 또는 꽃순이를 짝사랑하며 애태우고 힘들어하는 꿈을 꿀 수 있을 것이다.
　마음이 누군가를 향한 적대감, 분노, 억울함이 반복된다면 꿈속에서 복수극의 영화를 만들거나 누군가에게 유사한 고통을 반복해서 당하는 꿈을 꿀 수도 있다. 이러한 꿈에 관해서는 대부분 유사한 경험을 해 왔기에 이해하고 공감하기 쉬울 것이다. 꿈은 내 무의식 속에 있는 어떤 문제나 경험이 해결을 필요로 한다는 신호를 보내는 것이라고 할 수 있다.
　만약 꿈속에서 고통스러운 장면이 반복적으로 나타난다면 과거 또는 현재의 어떤 문제점을 찾아 전문가와 함께 적극적으로 해소하는 것이 가장 좋다.
　최면암시의 작용처럼 상시에 좋은 목표, 좋은 마음, 좋은 그림을 마음속에 반복·지속적으로 넣어 준다면 꿈에 좋은 내용이 나타나며 긍정적 강화가 일어나고, 실현 가능성을 높일 수 있다.
　나는 지금 어떤 마음을 먹고 있을까? 무의식의 특성은 어떤 마음을 먹든 그것에 대한 반응·작용을 일으킨다. 따라서 같은 시간에 가능하면 좋은 마음을 먹을 수 있도록 노력하는 것이 우리의 삶을 더 건강하게 만드는 데 도움이 된다.

만약 자신이 원하는 것에 대한 마음을 상시에 먹는다면 어떤 반응, 작용이 나타날까? 실험해 보면 곧 알게 될 것이다.

5. 난봉자식이 마음잡아야 사흘이다

옳지 못한 일에 한번 빠지면 좀처럼 헤어나기 어렵다는 의미의 속담이다. 그렇다면 무의식 영역에 '옳지 못한 일'에 빠지도록 조건형성한 무슨 일, 사건, 경험은 무엇인가? 그것이 원인이다. 그렇게 한번 빠지면 반복되고 지속되며 부정적 강화가 발생하여 헤어나기 어려운 심리적 문제, 이상행동, 장애가 발생한다. 난봉꾼 자식이 다시는 옳지 못한 일을 하지 않으려고 마음을 잡아도 사흘이라는 말은 그만큼 문제가 무의식 깊은 곳에 뿌리를 내리고 있다는 증거이다. 난봉자식이 마음잡아야 사흘이라는 말은 고치려고 노력했지만 실망스러운 결과에 대한 좌절감의 표현이다.

어떤 심리문제가 무의식에 강하게 부정적 강화되면 다시는 하지 않겠다는 마음가짐 정도로는 변화, 수정, 극복이 어렵다. 이때 자기 자신뿐만 아니라 주변에서도 실망하고 좌절한다. '저 자식은 안 되나 보다.' '나는 안 돼'와 같은 말이 상호작용하면 심리상태는 악순환의 고리에서 벗어나지 못하고 맴돈다. 그만큼 심리적 문제, 장애, 고통에 한번 빠지면 단순히 마음잡는 것으로, 몇 마디 훈계로 벗어나기 어렵다는 것을 의미한다.

긍정적 변화는 무의식에서 시작되어 행동 수준에 결과적으로 나타난다. 최면상담에서는 문제의 원인을 무의식에서 찾아 해소함으로써 난봉자식이 아무리 노력해도 안 되던 마음을 잡을 수 있도록 돕는 효율적인 해결방법이다.

6. 마음이 풀어지면 하는 일이 가볍다

마음에 맺혔던 근심과 걱정이 없어지면 일도 쉽게 된다는 속담이다. 마음이 근심과 걱정으로 가득 차면 "마음이 천근만근이다."라고 표현하기도 한다. 마음이 천근만근이면 몸은 이천만 근쯤 될 것이다. 그만큼 마음의 고통은 몸도 고통에 빠지게 만들어 어떤 일도 제대로 할 수 없게 만든다. 그래서 가장 중요한 마음의 고통, 무게감이 풀려야 몸도 가볍고 일도 가볍게 할 수 있게 된다. 그래서 마음의 고통을 의미하는 스트레스가 만병의 근원이라는 말은 틀림없는 말이다. 그렇다면 마음을 푸는 방법, 마음의 고통을 푸는 방법, 마음의 무게감을 푸는 방법으로 가장 효과적인 것이 무엇일까?

마음을 직접적으로, 적극적으로 푸는 방법이 바로 최면상담, 심리상담이라는 것은 이제 널리 알려져 있다. 특히 마음이 천근만근이고 몸도 이천만 근이 되는 신체화 증상까지 나타났다면 고통의 원인이 강렬하게 반복되고 지속되고 있다는 증거이다. 이는 심리적 고통의 뿌리가 무의식 깊은 곳에 자리를 잡고 있어 뽑아내기 어려운 심각한 상태라는 것을 알 수 있다. 마음이 한번 문제에 휘말리면 이렇게 여러 가지 고통과 지장이 발생한다. 이러한 천근만근 마음과 이천만 근 몸을 건강하게 회복하는 일이 단순하거나 쉬울 리가 없다. 최면학, 상담학은 이 문제를 풀기 위해 연구되었고, 최면상담, 심리상담 전문가는 많은 시간과 노력을 투입하여 이론과 임상을 연마한다. 오랜 시간 동안 임상훈련을 하지 않고서는 어떤 변화도 일으키기 어렵다.

　마음이 천근만근, 몸이 이천만근이라면 스스로 해결할 수 있는 한계를 넘어선 고통이다. 전문가와 함께 노력하며 마음과 몸을 풀어 고통으로 꼬인 삶을 성공과 행복으로 변화시키는 기회가 필요하다.

7. 빚쟁이 발을 뻗고 잠을 못 잔다

　빚진 사람의 마음이 편할 수 없는 것은 당연하다. 빚이 크든 작든 어떻게 빚을 갚을지 근심, 걱정이 많아서 발 뻗고 잠을 못 잔다는 속담이다. 현실에서 발생하는 불가피한 빚, 대출, 경제적 위기가 해결되지 못하고 지속된다면 마음은 늘 긴장, 불안, 근심, 걱정으로 시달리기 마련이다. 더 힘든 상황은 빚을 제때 갚지 못해서 독촉전화를 받거나 소송이 걸렸다면 마음은 심각한 스트레스 상태에 빠져 버려 정말 발 뻗고 잠을 잘 수 없다. 우리의 무의식은 단순하다. 어떤 자극에 반응한다. 빚을 지는 자극에 스트레스 반응, 불면증이 발생한다. 로맨스 영화를 보면 설레는 반응이 나타난다. 개그맨들이 즐거운 자극을 해 주면 깔깔깔 웃는 반응이 나타난다.

　영어공부를 열심히 하면 영어능력이 좋아지는 반응, 수학공부를 열심히 하면 수학문제를 술술 풀어내는 반응이 나타난다.

다시 말하지만 무의식은 부정, 긍정을 구분하지 못하고 자극하는 대로 반응하고, 무엇이든 심으면 그것이 무엇이든 무럭무럭 자라게 하는 비옥한 토양과 같다. 무의식은 항상 자극-반응, 조건-반사를 반복할 뿐이다. 어떤 것을 반복·지속할 것인가?

8. 도둑이 제 발 저리다

도둑질이라는 범죄를 저지른 죄인, 그 죄인의 마음이 편할 수 있을까? 만약에 마음이 편하다면 사이코패스, 소시오패스라는 정신질환의 특징인 죄의식이 무감각해진 상태일 것이다.

도둑이 제 발 저리다면 그래도 아직 양심이 살아 있는 경우이다. 보통은 어떤 위법행위를 했을 때 처벌이 두려워서 마음이 긴장, 불안, 걱정, 근심으로 심한 스트레스 상태를 경험하게 된다. 특히 죄를 지으면 벌을 받는다는 상식, 법, 관념은 우리 무의식에 자동적, 반사적으로 반응을 일으킨다. 간단하게 생각해보면 자동차를 운전하다가 단속 카메라가 설치된 것을 모르고 무심코 과속을 했을 때 단속 구역을 휙 지난 후 '아차 단속 카메라 있었네'라고 알게 되면 그때부터 걱정이 반응한다. 혹시나 과태료나 벌금 고지서가 오지나 않았는지 우편함을 살피게 된다.

우리의 무의식은 이렇게 반응하게 되어 있는 영역이다. 무의식은 기나긴 인류의 역사, 진화의 과정, 그리고 생존투쟁의 경험 중에서 가장 생존에 유리한 조건들을 유전시켜 현재에 이른 결과물이다. 죄와 벌이라는 구조마저도 조건-반사, 자극-반응과 같은 구조를 가지고 있다. 즉 죄를 지으면 벌을 받아서 큰 위기, 생존위기가 발생하기 때문에 긴장, 불안, 공포의 반응이 나타난다. 따라서 생존에 매우 불리한 것이 죄를 짓는 것이고, 생존에 유리한 조건은 죄를 짓지 않고 성실하게 살아가는 것이다. 도둑이 자신의 무의식에 도둑질이라는 자극을 심으면 긴장, 불안, 공포, 걱정, 근심의 반응이 자동적으로 나타난다.

다행스러운 점은 도둑이 죄에 합당한 처벌을 다 받고 속죄, 사죄, 회계, 참회와 같은 조건, 자극을 하면 무의식은 제 발 저리지 않고 마음이 편안해져서 발 뻗고 잠을 잘 수 있는 반응이 나타난다는 점이다. 어떻든 마음은 이렇게도 반응하고 저렇게도 반응하며 회복되기도 한다. 최면상담, 심리상담은 다양한 경우에 발생한 고통을 해소하여 편안한 마음으로 발 뻗고 잘 수 있도록 돕는다.

9. 아니 땐 굴뚝에 연기 날까?

굴뚝에서 연기가 난다면 아궁이에 불을 땠다는 증거이다. 즉 굴뚝에 연기를 보고 아궁이에 무엇인가를 불을 붙여 태우고 있다는 것을 합리적으로 알아차릴 수 있다.

프로이트가 설명한 의식과 무의식이라는 관점으로 살펴보자. 굴뚝에 연기가 난다는 것은 의식수준으로 언어, 표정, 태도 등으로 드러난 것과 같다. 아궁이의 불은 무의식 영역에 어떤 영향이 억압되었던 것, 즉 원인이라고 할 수 있다. 우리는 굴뚝에서 나오는 연기를 보고 아궁이에 불을 때는 것을 알아차린다. 마찬가지로 사람의 말, 표정, 태도 등을 보고 '그 사람의 무의식에 어떤 원인들이 있겠구나'라고 알아차릴 수 있다. 그것을 스스로 알아차릴 수 있다면 가장 바람직하지만 자극-반응, 조건-반사적으로 생활할 때 습관화되기 때문에 쉽게 알아차리지 못한다. 다만 결과적으로 나타난 말, 표정, 태도 등이 옳다, 그르다 평가하며 갈등하게 된다. 무의식의 관점에서 원인과 결과, 자극-반응, 조건-반사와 같이 이해하며 과연 '원인이 무엇일까? 무엇이 이런 결과를 밀어 올렸을까?'와 같은 관심을 가질 때 전체적인 통찰을 얻을 수 있다.

'왜 연기를 피우고 그럴까, 짜증 나게'라고 결과만 보고 화내거나 짜증을 내면 갈등, 싸움, 오해가 발생한다. 그러나 연기가 피어나게 만드는 무의식의 원인들을 통찰한다면 의식-무의식에 대한 깊은 이해가 가능해진다. 즉 아궁이의 불과 굴뚝 연기를 동시에 통찰하는 것이 전체를 이해하는 좋은 방식이다.

그림 11. 아니 땐 굴뚝에 연기 날까?

10. 작심삼일이다

　무엇을 하겠다는 결심이 겨우 삼 일 간다. 또는 무엇을 하지 않겠다는 결심이 겨우 삼 일 간다는 말이다. 우리의 삶에서 자주 경험하는 일이다. 의식은 작심, 결심한다. 무의식은 그것을 실행한다. 그런데 왜 작심삼일일까? 왜 이런 일이 발생하는지 함께 생각해 보자. 작심, 결심을 단 한 번 한 경우, 100번 하는 경우, 1,000번, 1만 번을 하는 경우, 그에 따른 결과, 효과의 차이는 뭘까? 매일 기도문을 외우듯, 주문을 외우듯 반복하고 지속하는 작심, 결심이라면 어떤 결과를 만들어 낼까? 무의식은 반복을 많이 하고 장기적으로 지속할 때 더 강력한 실행력을 만들고 더 좋은 결과를 만든다. 따라서 단 한 번의 작심으로 뭔가를 기대한다면 당연히 '겨우 삼 일'이라는 실망스러운 결과를 만들 수 있다. 간단히 비유해서 영어 단어를 암기할 때 1회 암기, 3회 암기, 100회 암기, 1천 회, 1만 회 암기의 차이는 너무나 명백하다. 1만 회 암기는 평생 잊히지 않는 결과를 만든다. 무의식에 목표를 어떤 방식으로 입력하고 반복·지속할 때 결과가 어떻게 되는지 이해할 수 있는 좋은 예이다.
　다른 예로 '담배, 술을 당장 끊겠다', '오늘부터 다이어트를 시작하겠다'는 결심을 들 수 있다. 많은 사람들이 이런 결심을 해보았을 것이다. 그렇지만 어느 날인가 자신도 모르게 다시 담배를 피우고 술을 마시며 실망한다. '다이어트는 내일부터'라는 말로 합리화하며 다시 배달 음식과 야식의 유혹에 빠져든다. 이때 헛웃음을 지으며 하는 말이 '역시 작심삼일'이다.
　금연최면, 단주최면, 다이어트최면과 같은 최면상담은 문제의 원인을 처리함과 동시에 반복·지속적으로 결심을 강력하게 무의식에 심어

강화하는 것이 문제를 해결하는 가장 중요한 열쇠이다. 무의식은 어떠한 것을 심든 무럭무럭 자라게 만든다. 이러한 특성들에 대해 점점 더 이해가 깊어지면 재미있는 것이 아니라 무서움을 느끼게 된다. 말 한마디, 생각 하나, 상상 하나를 더 주의하게 된다. 어떤 것이든 한편으로 치우쳐 강화되면 조화와 균형을 잃어 문제가 발생한다. 핵심은 반복·지속된 최면암시, 기도문, 주문과 같은 방식, 즉 중얼중얼 암시효과가 가장 강력하다는 것이다.

제2편

최면상담 이해

최면상담이란 내담자가 호소하는 문제를 해소하기 위해 최면기법을 적용하여 최면상태로 유도한다. 그 후 무의식에 억압된 문제경험을 심리상담 및 심리치료 기술을 적용하여 해소한다.

제1장 | 최면상담

1. 최면상담 개념

최면상담은 최면기법을 통해 내담자를 최면상태로 유도한 후 심리적 고통과 장애를 유발하는 원인을 찾아 심리상담 및 심리치료기법을 적용하여 해소한다. 최면상담은 프로이트의 심리치료 대원칙인 '원인이 멈추면 결과가 멈춘다'에 입각하여 심리적 고통과 지장을 유발하는 원인을 해소함으로써 결과적으로 나타난 증상, 이상심리, 이상행동을 해소하여 내담자의 심리적 안정감 회복을 돕는다. 이러한 점에서 최면상담은 최면학과 상담학의 융합을 지향한다.

2. 최면상담 과정

최면상담의 진행 과정은 다음과 같다. 첫째, 첫 상담에서 내담자의 심리적 고통 및 장애를 유발하는 원인, 진행 과정, 현재 상태를 면밀히 분석하여 주요 원인을 찾는다. 둘째, 내담자를 최면상태로 유도하여 무의식 영역에 잠재된 문제 또는 억압된 문제의 원인을 찾아낸다. 셋째, 찾아낸 심리문제의 원인을 심리상담 및 심리치료기법을 적용하여 해소한다. 넷째, 주 1회씩 주요 원인들을 찾고 해소하며 심리상태의 변화를 관찰한다. 다섯째, 안정감이 회복되는 수준에 따라 유지, 관리될 수 있는 자기관리법, 즉 긍정적 자아를 강화하는 자기최면법 또는 명상법, 기도방법 등을 지도하며 종결한다.

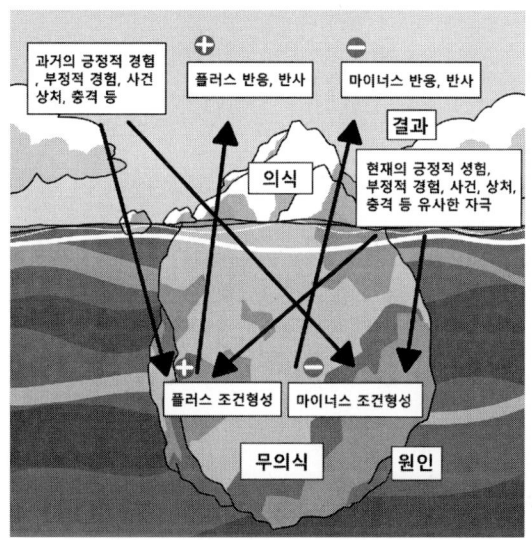

그림 12. 심리문제의 조건형성과 표출

심리문제가 무의식에 조건형성되면 결과적으로 의식수준, 행동수준으로 표출된다.

3. 심리문제의 조건형성

과거의 문제경험, 심리적 상처, 충격경험, 결핍, 폭언, 폭력피해와 같은 부정적 영향과 만족감, 행복, 기쁨, 성공경험, 좋은 돌봄, 칭찬과 같은 긍정적 영향들은 무의식 영역에 기억, 억압, 저장된다. 과거의 부정적 영향은 그 특성에 따라 부정적 조건형성이 되고, 긍정적 영향들도 특성에 따라 긍정적 조건형성이 된다. 이러한 조건형성의 특성은 유사한 자극들이 반복·지속됨에 따라 긍정적 또는 부정적 강화가 이루어진다.

이러한 현상은 영어공부를 예를 들어도 큰 차이가 없다. 영어를 반복·지속적으로 열심히 공부하면 영어능력이 긍정적 강화가 되어 성적이 오르거나 능숙하게 영어를 활용하게 된다. 즉 심리문제의 조건형성이나 학습능력에 관련한 조건형성의 원리는 매우 유사하며, 그 원인과 결과적 현상도 매우 유사하다. 이런 점에서 미국의 행동주의 심리학자이자 학습이론의 대가인 클라크 헐 박사가 최면학에서도 대가였다는 사실을 생각해 볼 필요가 있다. 이렇듯 최면의 핵심원리는 여러 분야에 적용되며 그 분야의 문제점 개선과 효율성을 높이는 데 기여할 수 있다.

4. 심리문제의 표출: 조건형성과 반사적 반응

심리문제의 조건형성을 비유하자면 마음 속 응어리, 울화덩어리, 한 맺힘, 가슴 속 돌덩이 등으로 표현할 수 있다. 이 심리문제들은 성장과정에서 해소되거나 극복되는 경우도 있지만 대체로 힘이 약한 성장과정에서 드러내지 못하고 강력히 억압된다. 가끔씩 심리문제는 어린이 자아와 성인 자아가 공존하며 심신의 힘이 커지는 청소년들의 사춘기에 표출되어 부모와 싸움이 나거나 외부에서 분쟁을 일으킨다.

시간이 흘러 대학수학능력 시험이 끝나고 자유로워질 때 또는 20대 초에 자신의 힘이 더 강해지고 억압된 환경에서 벗어나는 순간부터 억압된 심리문제는 다양한 문제들로 분출되기 시작한다.

억압된 심리문제들은 대인관계의 상호작용에서 언어적 자극, 비언어적 자극에 따라 표출되며 자신과 주변인들을 놀라게 하는데, 왜 이런 일, 태도, 행동, 생각, 감정이 표출되는지 이해하지 못하여 더 혼란스럽게 된다.

간혹 머리로는 이해한다 하더라도 태도, 행동 수준에서는 변화가 되지 않고 같은 문제점들이 지속적으로 나타나는 것이 억압된 심리문제들의 특성이다.

더 큰 문제는 억압된 심리문제는 자극에 비해 너무 크게 표출된다는 점이다. 때로는 아주 작은 자극에도 폭발하듯 터져 나온다. 이럴 때 상대방은 '나에게 그렇게 크게 화를 낼 만큼 내가 뭘 그렇게 잘못했나'라는 반응을 하게 된다. 이처럼 억압된 심리문제는 하나의 자극에 열 개, 백 개가 한 번에 큰 덩어리로 폭발한다. 그것은 마치 장기간 응축된 화산의 마그마와 같다.

우리의 상식은 하나의 자극에 하나 정도가 반응할 때 '그래, 기분 나쁠 만하네'라고 이해하고 화해하게 된다. 그러나 무의식에 억압되어 온 부정적 심리문제는 의식의 통제력을 넘어서는 강력한 압력을 폭발시킨다. 이런 경우에는 서로 더 크게 부딪치거나 충격을 받게 되는데, 이를 반사적 반응, 무의식적 반응, 자동적 반응 등으로 설명할 수 있다.

이와 같이 무의식에 조건형성된 심리문제는 파블로프의 조건-반사 실험 결과와 크게 다르지 않은 현상으로 반복적으로 나타난다. 문제는 심리문제의 조건-반사가 반복·지속되면서 부정적 강화가 발생하고 심리내면의 스트레스 압력은 더 커진다는 점이다. 즉 갈수록 더 크게 폭발하며 중증, 난치 수준으로 악화한다.

5. 최면상담 개념도: 원인 해소와 결과 해소

최면상담은 내담자를 최면기법을 통해 최면상태로 유도하여 지나치게 긍정 강화, 부정 강화된 심리문제들을 탐색하여 심리상담 및 심리치료 개입으로 해소함으로써 결과적으로 나타난 증상, 이상행동을 해소한다.

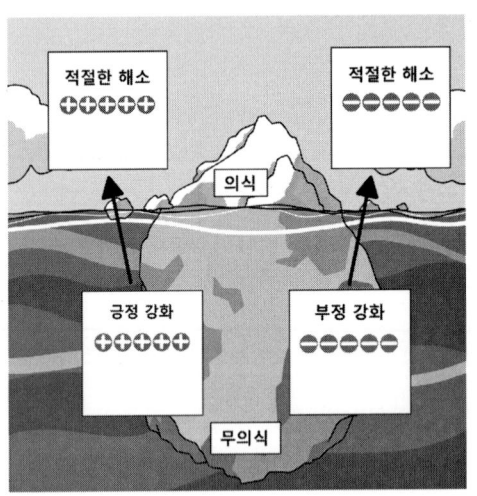

그림 13. 최면상담 개념도

무의식이라는 비옥한 토양에 심어진 문제경험들이 다양한 증상, 질병으로 표출된다. 가장 큰 과제는 '어디를 어떻게 해소해야 할까?'이다. 원인으로 인해 열이 치솟는다면 당장에 해열제를 먹어서 열을 진정시켜야 할 것이다. 그러나 원인들이 자주 열을 치솟게 한다면 어디를 해소해야 할 것인가? 바로 무의식, 심리내면, 마음속에 억압된 심리문제를 최면상태에서 심리상담 및 심리치료를 통해 해소하는 것이 가장 좋다.

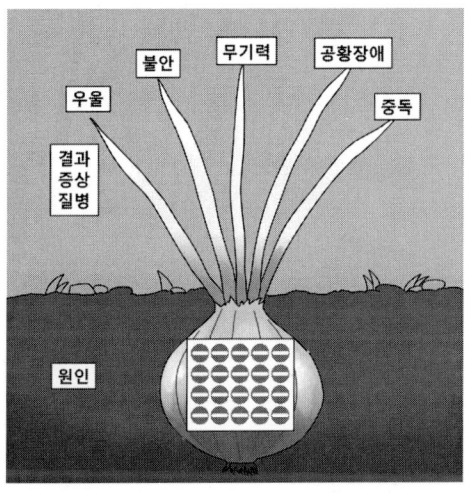

그림 14. 원인과 결과: 덩어리 뿌리에서 다양한 증상, 질병이 나타난다

6. 심리상태의 변화 과정

심리상태의 변화는 기존에 부정적으로 조건형성된 심리문제의 익숙한 상태에서 점진적으로 안정감을 회복하고 유지되는 상태로 변화된다. 간혹 최면상담에서는 문제가 한 번에 해결되는 경우도 물론 있지만 심리상담은 단 한 번으로 상태를 기적처럼 좋아지게 할 수는 없다.
대부분은 문제를 체계적으로 탐색하고 정리하기를 반복하면서 안정감이 확인될 때까지 매주 1회씩 상담을 반복한다. 이때 상담자와 내담자 그리고 보호자가 서로 경과를 지켜보며 상담이 잘 유지되고 변화될 수 있도록 협력해 가는 것이 매우 중요하다.

긴 세월동안 고통과 지장을 일으키던 심리문제가 갑자기 좋아질 수는 없지만 함께 노력하는 과정에서 부정적 상태에서 긍정적 상태로 변화를 이끌어 갈 수 있고 이것이 상담의 역할이다.

최면상담은 최면상태에서 그야말로 무의식의 뚜껑이 열리며 오랜 세월 억압된 문제들이 표출되기 때문에 인지, 정서, 신체반응까지 나타난다. 따라서 최면상담 후 귀가하여 몸과 마음을 감기몸살 걸렸을 때 몸조리하듯이 잘 쉬는 것이 좋다.

최면상담 후에 때로는 뚜껑이 열렸다는 표현처럼 해묵은 감정이 억압을 뚫고 나와 더 부글부글 거리는 경우도 있다. 이러한 변화의 과정을 거치면서 최종적으로 안정적 상태에 도달한 후에 상담을 종결하게 된다. 모든 증상은 내가 고통스럽다는 호소이며 도와달라는 신호이다.

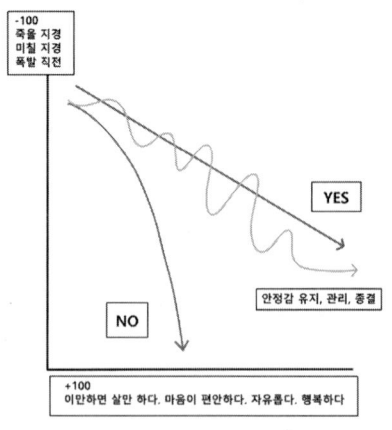

그림 15. 심리상태의 변화 과정

7. 문제점과 전체 인격, 인간은 불완전한 존재이다

문제점은 전체 인격의 불완전한 일부분일 뿐이다. 문제점은 인간의 불완전성에 의해 불가피하게 발생한다. 그리고 그것이 비록 고통과 장애를 일으키지만 수정이 가능하고 더 안정적인 상태로 변화시키는 것 또한 가능하다. 또한 문제점을 제외한 대부분의 성숙한 인격은 우리를 긍정적으로 생존하게 한다. 문제점은 전체가 아니라 부분일 뿐이기 때문에 그것을 자신의 전체 인격과 동일시하지 말고 객관화하여 의지를 가지고 노력하며 변화·성장시키면 된다.

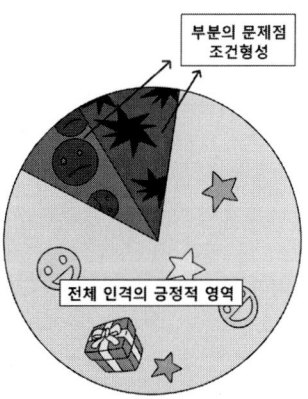

그림 16. 문제점과 전체 인격

8. 상담과정: 익숙함과 낯설음 그리고 저항, 혼돈과 질서

상담과정에서 내담자는 변화를 위한 다소 힘든 도전에 직면하게 된다. 내담자는 심리적 문제를 해결하여 현실에서 발생하는 고통과 지장에서 벗어나 순기능적으로 생활하기를 갈망한다. 그러나 아무리 역기능적인 조건형성, 증상, 문제라고 할지라도 이미 장기간 생활 속에 익숙해져 있다. 그렇기에 내담자가 자신에게 익숙한 상태에서 새로운 변화를 시도한다는 것은 낯설음을 감당해야 하는 매우 어려운 일이다. 따라서 부적응 현상과 '그냥 이대로 살 거야'와 같은 저항과 퇴행이 발생하며 변화를 포기하고 악순환할 가능성도 있다.

새로운 변화의 시도에 따른 성과들은 때때로 혼란스럽고 스트레스가 발생하기 마련이다. 상담과정에서 발생하는 이와 같은 현상은 당연하며 불가피하다. 따라서 내담자가 상담자와 보호자들의 관심과 지지, 격려, 보호와 같은 배려 속에서 점진적으로 안정감을 찾아가게 도와야 한다. 일정한 상담 회기가 진행되면 변화, 성과 그리고 신뢰가 쌓이면서 드디어 새로운 질서에 적응하게 된다. 회복된 안정감은 이제 긍정적 조건형성으로 유지되면서 의식과 무의식, 마음과 몸의 건강 수준이 선순환 구조로 전환된다. 이후부터는 긍정적 상태를 유지하고 관리하는 자기관리가 필요하다.

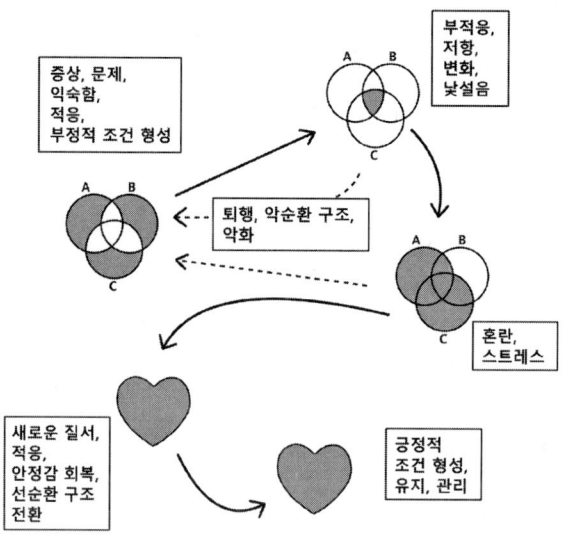

그림 17. 상담과정 변화 개념도

9. 카펫 털기

심리상담 및 심리치료를 종종 카펫의 먼지 털기에 비유한다. 카펫은 사용한 시간만큼 촘촘히 박힌 먼지들이 많지만 팍팍 털면 먼지가 빠져나가거나 최소한 박혀 있던 위치에서 벗어나 다시 터는 순간 떨어져 나간다.

상담은 단번에 좋아지게 하는 마법이 아니다. 가끔씩 돌변하듯이 좋아지는 경우도 물론 있지만 대체로 일시적인 효과에 그친다. 그러므로 규칙적인 상담을 진행하면서 점진적, 체계적으로 해결하는 것이 가장 좋다. 또한 문제의 심각성, 고통과 지장의 강도가 강할수록 변화의 시간이 그만큼 더 필요하다. 따라서 상담자와 내담자는 함께 문제를 찾고 해결하는 동반자라고 할 수 있다. 무의식에 장기간 억압되고 부정적 조건형성되어 심각해진 문제는 상담이 진행되면서 한 번에 하나씩 해소됨에 따라 전체의 무게감이 가벼워진다. 이에 따라 처음에는 100개의 문제가 치밀어 올라와 고통스러웠다면 상담 과정이 진행됨에 따라 70개, 50개로 줄면서 점점 치밀어 오르는 스트레스 강도 역시 약해진다. 그러다가, 이제 살 만하다는 느낌이 어느새 찾아온다. 카펫의 먼지처럼 규칙적으로 털고 또 털면 떨어져 나갈 수 있는 것이 심리문제이고 그렇게 차츰 마음의 건강은 회복된다.

그림 18. 카펫 털기: 상담 1회마다 하나씩 정리

10. 과유불급, 지나침은 부족함만 못하다

심리상담에서 중요한 목표 중 하나는 적절성이다. 즉 나, 타인, 관계,

상황에 적절한 수준으로 생각, 감정, 태도, 행동이 변화, 성장, 성숙될 수 있도록 조력하는 것이다.

 긍정, 부정 모두 너무 지나치게 치우쳐서 조건형성되고 강화되면 부적응과 부작용이 발생한다. 욕구는 과잉충족 또는 과소충족될 때 모두 심리문제가 발생하기 때문이다. 현실은 다양한 변화와 변수들이 상호작용하기 때문에 어느 한쪽으로 치우치면 반작용, 부작용, 부적응 현상에 의해 스트레스가 발생할 수밖에 없다. 또한 어느 한쪽으로 치우칠 때 현실의 변화와 변수들에 대한 대처방식이 유연성, 융통성을 잃어 경직되는데 그에 따른 스트레스도 매우 크게 나타난다. 따라서 심리상담은 마음의 문제를 해결하는 동시에 현실에서 적절한 상호작용을 할 수 있도록 변화를 추구한다. 아무리 맛있는 음식도 한 접시 먹을 때가 맛있다. 음식이 맛있다고 100접시를 먹는다면 어떻게 될까? 아무리 좋은 말도 몇 번까지가 좋다. 좋은 말도 백 번 듣게 되면 잔소리가 되고 잔소리가 스트레스가 되어 고통이 된다. 뭐든지 적절해야 좋다.

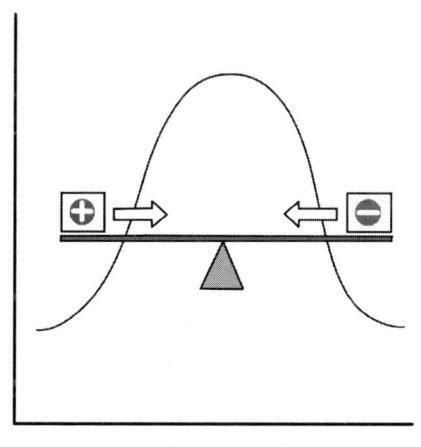

그림 19. 과유불급

11. 부정적 조건형성과 대안

　과거의 실제 문제경험이 무의식에 부정적 조건형성된 후 반복·지속되면 고통과 지장은 더 강화된다. 이러한 부정적 조건형성은 현재의 유사한 자극에 대한 반사적 반응으로 생각, 감정, 행동, 신체에 이상현상을 나타낸다. 이때 내담자에게 필요한 개입은 일차적으로 무의식에 조건형성된 문제점들을 최면상태에서 심리상담 및 심리치료기법으로 해소하는 것이다. 그 후 부정적 조건형성이 해소된 편안한 상태의 조건을 최면암시로 강화하여 안정감 회복을 돕는 것 또한 매우 중요하다.

　아래 그림과 같이 실제로 배가 아팠던 경험, 실제로 머리가 아팠던 경험이 반복·지속되어 무의식에 조건형성되면 나도 모르게, 반사적으로, 자동적으로, 습관적으로 '아이구 배야, 아이구 배야', '머리가 터지겠네, 머리가 터지겠네'라는 말과 행동, 느낌, 감정들을 실제로 반복한다. 이는 마치 부정적 내용을 주문 외우듯이, 기도문을 암송하듯, 부정적 최면암시를 계속 무의식에 퍼붓는 작용을 한다.

　자기최면의 대가였던 에밀 쿠에는 말했다. "지금까지 무의식에 부정적 암시를 계속했다면 이제 긍정적 암시를 계속하십시오. 그러면 점점 좋아집니다."라고. 심지어 그는 무의식에 각인된 부정적 암시를 처리하지 않고 지금부터 그냥 긍정적 암시를 반복하면 좋아진다고 말했다.

　이는 어떤 암시를 더 많이 반복·지속해서 심화·강화하느냐에 따라 그 영향을 받게 됨을 의미한다. 무의식이라는 비옥한 토양은 내가 어떤 것을 심든 구분하지 않고 무럭무럭 자라게 한다.

　성공하는 비밀은 간단하다. 긍정적 암시를 1회에 20번씩 지속적으로 반복하는 것이다. 주문을 외우듯, 기도문 외우듯, 최면암시를 중얼

중얼, 속닥속닥 귀에 들려주고 생각하고 상상하고 느끼는 것을 정성스럽게 하면 된다. 과연 이렇게 하면 좋아질까? 좋아진다. 밤낮으로 무의식에 강력하게 입력된 간절한 소망은 실현되는 방향으로 끊임없이 움직이게 된다. 이처럼 반복적인 암시는 마치 내비게이션과 같다.

그림 20. 부정적 조건형성

제2장 | 조건형성과 상호작용

1. 나만 이런가?

 스트레스가 점점 심해지면 나를 돌보고 보호하기보다는 나 자신을 자책, 비난, 비하하는 말이나 생각, 상상을 더 많이 하게 된다.
 '나만 이런가?', '내가 뭐가 부족할까?', '난 참 바보 같아', '내가 뭘 하겠어. 내가 그렇지 뭐', '정말 난 쓰레기인가 봐', '아무 데도 쓸모없어' 이런 말들이 상처에 소금 뿌리기와 같은 고통을 준다. 이렇게 되면 무의식에 부정적 조건형성이 심화된다. 이때 '내 상태가 심각해졌구나, 많이 고통스럽구나'라고 인식한다면 정확하다.
 절대로 나만 그럴 리가 없다. 다른 사람들도 자신의 삶 속에서 고통스러운 시행착오를 겪으며 살아가고 있다. 그리고 꼭 나만의 부족함, 잘못, 실수로 어떤 좋지 않은 일이 발생하는 것만은 아니잖은가. 다른 사람의 잘못, 실수로도 좋지 않은 일은 발생하고, 어떤 예기치 못한 상황에 의해 문제가 발생하기도 한다. 우리의 삶은 이러한 다양하고 복합적인 변수 속에서 균형과 조화를 만들어 가는 진행형일 뿐이다. 아직 변화하고 성장하며 성숙해질 기회가 나에게 있다. 변화를 위해서 무의식 영역을 살펴보자. '나만 이런가?'를 긍정적으로 변화시키기 위한 자기최면암시를 생각해 보자. 나의 삶에서 내가 나에게 어떤 종류의 말,

생각, 감정, 느낌을 반복해서 보내고 있나? 부정적 메시지는 무엇인가? 긍정적 메시지는 어떤 것이 있을까? 나에게 반복·지속적으로 보내면 좋을 유익한 자기최면암시는 무엇일까?

그림 21. 나만 이런가?

2. 저 인간만 아니면?

저 인간만 아니면 모든 일이 편하고, 다 잘될 것이라는 생각을 한 번쯤 해 보았을 것이다. '저 사람이 너무 미워서 보기도 싫다', '보기만 해도 열 받는다', '목소리만 들어도 소름이 끼친다', '날 못 괴롭혀서 안달 난 것만 같다'라는 생각들과 복잡한 감정이 부글부글 끓는다. 꾹꾹 참느라 머리가 아프고 몸살이 나서 병가를 내고 쉬고 싶다. 과연 언제까지 버틸 수 있을까? 화나고 슬프고 우울하고 의욕상실 상태가 계속된다.

도저히 내가 어떻게 할 수 없는 대상이 있다. 달라도 너무 다른 사람이 있다. 나만이 아니라 모두가 힘들어하는 사람이 정말로 있다. 그래서 나도 다른 사람들도 그 사람을 최대한 피하며 사는 경우가 있다. 그런 사람이 가족 안에도 있고, 회사에도 있고, 다른 사회생활 속에서도 분명히 있다. 최악의 경우에는 이혼도 하고, 퇴사도 하고, 모임을 탈퇴하기도 한다. 상담심리에서는 말한다. 그런 사람의 특성을 잘 파악해서 대처를 잘하라고. 선배나 동료들은 조언한다. 역시 내공을 길러야 한다고. 너무 심하면 정신과 약도 먹어 보고 심리상담도 받아 보라고 한다. 나도 그런 인간 만나서 고생한 경험 있다고, 이래 봐라 저래 봐라 진심을 담아 말해 준다. 그러나 그 미운 사람을 내일 또 봐야 하는 것이 현실이다.

그러나 '저 인간'이 나를 힘들게 하는 것이 내 잘못만은 아니다. 그는 나와는 정말 다른 인간일 뿐이다. 나와 완전히 다른 부모, 환경, 성장과정, 어떤 사건의 영향을 받으며 성격, 인격, 성질, 능력이 형성되어 지금 내 앞에 있게 된 것이다.

내가 어떻게 한다고 해서 크게 변화할 가능성이 매우 낮은 한계가 있는 사람인 것이다. 심지어 부부 싸움에서도 우리는 이러한 한계를 느끼는 경우가 있다. 그렇다고 모든 걸 포기해야 할 것인가?

상담심리학에서는 해결 방법으로 다음과 같은 것들을 제안한다. 먼저, 인내력을 훈련하면 강한 힘이 형성된다. 그다음 중요한 방법이 적절한 의사소통이다. 나-전달법으로 '당신이 그렇게 말할 때 내 기분은 이렇다'를 반복해서 전달하면 상대편이 나에 대해서 이해하고, 스스로 수정할 기회를 갖게 만들 수 있다. 다른 대안으로는 최소한만 접촉하며 안전거리를 두고 사는 것이다. 즉 적당히 사는 것도 좋은 대안이다. 잘

지내려는 기대와 시도가 지나치면 반복적으로 상처받고 좌절하게 되기 때문이다.

그렇게 여러 방식으로 노력하며 참고 참다가 도저히 견딜 수 없을 만큼 감정이 쌓이면 서둘러 최면상담, 심리상담을 통해 근본적으로 쌓인 고통들을 털어 내어서 마음을 여유롭게 만드는 것이 좋다. 정말 정신적 고통이 심각하면 정신과 약물치료도 필요하다. 열이 40도를 치솟을 때 그냥 두고 견딜 수 있는 것은 아니기 때문이다.

타인을 비난할 때 무의식 영역에 쌓이는 부정적 영향을 생각해 보면 결국 나에게 손해가 반복될 뿐이다. 결국 중요한 점은 어떤 일들이 내게 어떤 영향을 끼치고 있느냐이다. 합리적인 해결방법을 찾아 정신건강에 균형을 잡아 나가는 것은 매우 중요하고 필수적인 일이다.

그림 22. 저 인간만 아니면?

3. 나와 타인의 부족, 잘못이 아닌 상황이 나빠서이다

　1997년 한국 외환위기 IMF 구제금융 신청, 2008년 미국 월가의 금융위기로 인한 대한민국과 국민들이 경험한 경제위기는 곧바로 생존위기로 현실에 나타났다. 금융기관, 국가기관, 기업, 자영업자, 가족, 개인들에 이르기까지 심각한 위기와 고통 속에서 세월을 보냈다. 이러한 심각한 상황 속에서 많은 사람들이 스스로 생을 마감하기도 했고, 생존위기로 인한 긴장, 불안, 두려움 속에서 살아온 것이 역사적 사실이다.

　나와 타인의 잘못 때문이 아니라 외부 상황이 나쁠 때 우리는 심각한 고통을 피할 수 없게 된다. 아무리 우리가 유능하고 최선의 노력을 해도 최악의 상황에서는 어쩔 수 없는 한계점에 도달한다. 내가 힘들 때, 타인이 원망스러울 때, 꼭 살펴볼 것은 상황이다. 그 상황에 우리는 영향을 받기 때문이다. 기쁘고 행복한 시간을 보내며 생활을 하다가도 갑자기 가까운 이의 부고를 받고 장례식장에 가게 되면 순식간에 개인의 심리상태는 슬픔과 우울, 무기력감에 빠지게 된다. 반대로 하루 종일 불쾌한 시간을 보내고 있다가 친구 따라 댄스클럽에 갔다고 생각해 보자. 화려한 조명과 즐거운 음악, 모두가 흥겨운 춤을 추며 흥겨운 분위기 속에 있을 때 불쾌했던 기분은 어느새 사라져 버린다.

　상황을 고려하게 되면 나와 타인을 더 깊이 이해하고 공감할 수 있게 된다.

　무의식 영역에 어떤 것에 대한 인식이 불균형하게 조건형성되면 나와 타인, 상황을 균형 있게 인식, 이해, 공감하지 못하고 무의식적으로, 반사적으로, 자동적으로, 습관적으로 왜곡된 인식과 부정적 감정을 재생산하게 된다.

그림 23. 상황에 따른 심리상태 변화

4. 인간관계를 보호하려고 꾹 참다가 결국 터진다

 한 번 참고, 두 번 참고, 세 번까지 참았다. 더 이상은 못 참는다. 참고 참던 감정이 터져 버리는 이유는 무엇일까? 인간관계에서 대개 세 번까지는 참는다. 그러다가 결국 더 이상은 못 참고 폭발하는 경우가 있다. 왜 그동안 참았느냐고 물으면 인간관계를 깨지 않고, 보호하려고 그랬다고 말한다. 다들 공감하고 있겠지만 참는 데는 한계가 있다. 어떤 사람은 아무리 자극해도 흔들림이 없지만 어떤 사람은 작은 자극에도 감정이 크게 흔들린다. 더러 '누구는 안 그러는데 너는 유난히 왜 그러냐?'라는 말을 하는 이가 있다. 중요한 것은 사람마다 기질, 성격, 인격, 내공, 체력이 다르다는 점이다. 따라서 그 차이점을 존중하는 것은 매우 중요하다.
 인생을 살다 보면 잘 참아 내는 인내심이 필수적인 것은 사실이다. 물론 잘 참아 내는 것도 필요하지만 관계를 정말 보호하려는 의도는 나뿐만이 아니라 상대방도 노력이 필요하다. 따라서 참으면서 '나-전달법'을 활용해서 '네가 그렇게 말할 때 나는 이런 생각, 감정, 느낌이 든다'라고 나의 심리상태를 전달해 줄 필요가 있다. 내가 일방적으로 오래 참으면 상대방이 아무 생각 없이 던지는 습관적인 말을 계속 사용하게 된다. 내 마음이 어떤지 상대방에게 전달하면 나의 마음을 이해, 공감하게 되고 자신의 문제점을 수정할 기회를 갖게 된다. 이러한 의사소통을 통해 서로 관계를 보호하기 위한 노력을 더 하게 된다. 이런 점에서 '나-전달법'은 서로의 관계를 보호하는 좋은 의사소통 방법이다.

무의식 영역에 부정적 생각과 감정을 계속 쌓이게 하고 꾹꾹 눌러 참으면 그 압력은 계속 증가하여 압력밥솥 폭탄처럼 위험해진다. 뜨겁게 달궈진 압력밥솥은 작은 자극에도 압력이 치익치익 뜨겁게 나오는 것을 모두 알고 있다. 이것이 바로 '열받는' 순간이다. 안전하게 열을 배출하는 방법이 나-전달법이다. 큰 폭발이 예상되는 위험한 심리상태는 최면상담, 심리상담을 통해 과도한 압력을 체계적으로 해소하는 것이 좋다.

그림 24. 참다 참다 빵 터진다

5. 내심외경, 불취외상 자심반조

내 안에 어떤 갈망하는 마음에 따라 외부에 있는 대상을 바라본다(내심외경 內心外境). 부처님 눈에는 부처님이 보이고 돼지 눈에는 돼지가 보인다는 말과 다를 바 없다. 내 안에 어떤 마음이 있느냐, 내 무의식 속에 어떤 조건형성이 되어 있느냐에 따라 외부 세계를 인식하게 된다.

마음속에 분노가 가득 차 있다면 외부세계에 비쳐진 것들에 대해 화를 내고 분통을 터트리게 된다. 또한 내 마음 속에 슬픔, 우울이 가득 차 있다면 외부세계가 모두 슬프고 우울하게 느껴진다.

이럴 때 우리는 무엇을 하면 좋을까? 화를 내는 순간, 분통을 터트리는 순간, 슬픔과 우울을 느끼는 순간을 알아차리자. 외부에서 그 원인, 이유를 찾지 말고 자신의 마음을 돌이켜 살펴봄으로써 내 마음이 어떠한지 깨우칠 수 있는 기회를 갖는다면 좋을 것이다(불취외상 자심반조 不取外相 自心返照). 내 무의식 영역에는 어떤 이유, 원인이 들어있을까?

이러한 통찰을 통해 자주 화내고 분통을 터트리거나 슬퍼하고 우울해하는 사람을 보면 그 사람 속에 '화나는 마음, 분한 마음, 슬픈 마음, 우울한 마음'이 들어 있음을 알 수 있다.

그러나 나 자신에 관한 생각, 감정, 느낌에 대해서는 순간 알아차리기보다는 그 감정의 폭풍 속에 빠져서 한참을 혼란과 고통을 겪게 되고 좀처럼 원인을 해소하지 못하는 경우가 많다. 이렇듯 마음의 변화를 알아차리고 변화를 일으킬 수 있는 마음관리, 자기관리를 하려면 어느 정도 훈련이 필요하다. 최면상담, 심리상담의 경험은 마음의 원인, 과정, 결과를 깊이 이해할 수 있는 좋은 기회가 될 수 있다.

왜 우리는 이렇게 중요한 공부와 훈련이 안 되어 있을까? 왜냐하면

교육과정이 서구의 '더 기능하는 인간 양성'에 초점이 맞추어져 왔기 때문이다. 이 문제에 대한 반성이 '더 충만한 인간'이라는 인본주의적 교육 목표를 만들었다.

인간은 다차원적인 요소로 구성된 존재이다. 기능하는 인간만이 교육과 양육의 목표여서는 개인의 발달이 불균형하고 부조화스럽게 될 수밖에 없다. 기능도 중요하지만 여러 면에서 충만하게 공부하고 훈련, 경험하며 성장할 때 개인과 공동체의 삶이 더욱 풍요로워질 것이다.

그림 25. 불취외상 자심반조

6. 정(淨), 부정(不淨)이 어디 있나? 일체유심조(一切唯心造)

"맑고 더러운 게 어디 있나? 모든 것은 마음에서 만들어진다." 원효 스님의 말씀이다. 맑다거나 더럽다고 인식하는 모든 것이 마음에서 만들어진다는데 마음 중에 어느 마음이 이런 것을 만들고 있을까? 역시 학습과 경험을 통해 무의식 영역에 조건형성된 결과들이 시각, 청각, 촉각, 미각, 후각에 접촉하면 반사적, 자동적, 무의식적, 습관적 반응으로 맑다, 더럽다를 순간순간 만들어 낸다. 우리가 아는 마음이라고 하는 영역의 반응은 대부분 무의식 영역을 말한다는 것을 여러 사례를 통해 이해할 수 있다. 의식 활동을 통해서 입력된 정보들이 무의식에 조건형성된 후 맑다, 더럽다, 길다, 짧다, 맛있다, 맛없다, 좋다, 싫다, 옳다, 그르다와 같이 반사적으로 반응한다. 즉 "모든 것은 마음이 만든다."라고 할 때 그 마음은 바로 무의식 영역의 반응을 말한다.

　잘못 입력된 정보, 부정적 정보, 트라우마, 우울, 불안, 공포 경험들이 무의식에 조건형성되면 사람은 유사한 자극에 반사적으로 반응하며 우울증, 불안증, 공포감 등의 고통과 지장을 겪게 된다. 다행스러운 점은 최면상담, 심리상담, 심리치료를 통해 조건형성된 문제의 원인을 해소함으로써 고통과 지장을 해소할 수 있고, 더 좋은 정보를 입력하여 강화할 수 있다는 점이다. 거듭 말하자면 무의식은 긍정과 부정을 구분하지 않고 조건형성하고 반응한다.

그림 26. 일체유심조

제1장 | 최면학의 역사

1. 최면학의 개관

　최면(hypnosis)이란 일정한 암시에 의해 무의식을 의식화하는 심리기법 또는 잠재의식을 표면의식으로 드러나게 하는 심리기법 등으로 정의할 수 있다.
　미국심리학회(APA)의 심리최면학회에서는 '최면이란 건강전문가, 치료자 그리고 학자들이 환자 또는 피험자의 감각, 지각, 사고 그리고 행동을 체험적으로 변화시키는 과정'이라고 정의하고 있다. 최면학은 최면기법으로 유도된 최면상태에서 나타나는 무의식의 의식화 현상 또는 잠재의식의 표면의식화 현상을 다양한 분야에 활용할 수 있도록 연구되었다. 전통적으로 최면상담은 내담자를 최면상태로 유도하여 무의식에 저장된 심리문제의 원인을 탐색한 후 주요 원인을 심리상담 및 심리치료기법을 적용하여 해소함으로써 결과적인 고통과 지장을 해소하기 위해 발전되어 왔다.
　18세기 유럽의 중심인 프랑스 파리는 최면을 통한 신체질환 및 정신질환의 치료가 의학계의 선풍적인 관심사였다. 최면은 정신의학자, 신경학자들을 중심으로 질환의 주요 치료방법으로 연구되었으며 현재에도 유럽과 미국의 정신과 의사와 심리상담사들의 주요 치료방법으로 활용되고 있다.

특히 미국심리학회(APA) 산하에는 저명한 학자들이 심리최면학회를 개설하여 오랜 전통을 가지고 왕성히 학술교류를 하고 있으며, 정신장애진단 통계 편람에서도 최면술은 주요 치료방법으로 권장되고 있을 만큼 그 유용성이 인정되었다.

심지어 심리학의 아버지라고 일컬어지는 프로이트도 브로이어와 최면을 통해 히스테리를 치료하면서 무의식을 발견하였다.

학문의 발전과정은 어떤 현상의 우연한 발견을 시작으로 임상사례의 관찰, 연구, 검증하며 이론을 정립하는 과정을 거치는 경우가 많다. 최면학도 다른 학문과 마찬가지로 임상연구에 의해 개발된 결과이며 현재에도 계속 발전하고 있다.

최면은 기원전 그리스의 종교의식의 일부에서 주술을 이용하여 종교적 신념을 고취시키거나 환자의 의식을 각성시켜 질병을 치유하였던 행위를 그 기원으로 보고 있다. 근대에 이르러 오스트리아의 의사이자 철학박사 안톤 메스머가 '메스머리즘'을 창안한 것을 시작으로 최면이 발달하게 되었다. 프랑스 파리를 중심으로 확산된 메스머리즘의 치유효과에 대한 관심은 의사, 약제사, 신경학자, 심리학자 등의 열성적인 참여로 이어졌고, 신체질환과 정신질환 치료에 적용하고 효과를 검증하며 학문적 체계를 갖추었다.

특히 최면은 1차, 2차 세계대전 후 참전용사의 정신적 충격을 최면기법으로 치유하면서 급격히 발전하게 된다. 1950년대에 이르러 영국의학협회(1955)와 미국의학협회(1958)는 최면을 유효한 치료수단으로 그 가치를 인정하였다. 그뿐만 아니라 세계보건기구(WHO)에서도 최면을 유용한 치료수단으로 인정하였고, 현재에도 미국심리학회(APA) 산하에 심리최면학회(APA Division 30: Society of Psychological Hypnosis)를 통해 심리학자들에 의해 학술활동이 이어지고 있다.

이 책에서는 최면기법의 두 영역인 전통최면(지시적 최면)과 에릭소니언 최면(Ericksonian hypnosis, 비지시적 최면) 중에 전통최면인 지시적 최면에 대해 상세히 설명하도록 하겠다.

2. 최면현상의 발견과 기원

최면현상은 역사적으로 여러 문화권에서 우연히 발견되고 활용되었다. 최면현상은 최면몽환(催眠夢幻, Hypnotic trance), 최면상태(催眠狀態, Hypnotic state), 최면몽환상태(催眠夢幻狀態, Hypnotic trance state) 등으로 불리고 있는데, 우연히 어떤 문화의식, 종교의식, 치유의식에서 효과적인 현상이 발견된 후 종교인, 치유사들이 의도적으로 최면현상을 유도하여 활용했던 것이라고 한다.

이와 같이 최면현상은 고대의 주술사, 샤먼, 종교지도자, 치유사들에 의한 종교의식이나 치유의식에서 그 기원을 찾아 볼 수 있다. 또한 최면현상의 활용은 주술사나 치유사가 타악기를 두드리며 긴 시간 동안 의식을 진행하는 과정에서 최면상태가 발현될 때 위력 또는 권위를 통해 전해지는 언어적 메시지 또는 비언어적 메시지에 의해 종교적 목표 또는 치유목표에 도달하는 경우도 있었다.

고대 기록에 의하면 최면의 기원은 기원전 이집트에서 '차 엠 앙크'라는 사람이 최면현상을 이용해 어떤 이적을 보였다는 것에서 찾아볼 수 있다. 이러한 최면현상을 이용하는 장면은 고대 이집트와 그리스의 벽화 등에서도 찾아볼 수 있는데, 주술사나 치유사가 작은 지휘봉 같은 막대기로 사람의 얼굴 앞에서 어떤 의식을 행하는 벽화가 바로 그것이다.

이러한 주술적 고대 최면은 그리스, 로마시대로 이어졌다고 보고 있으며 근대 프랑스 파리에서 의사, 신경학자, 심리치료사들에 의해 이론과 방법들이 체계화되었다.

최면이 프랑스 파리에서 선풍적 관심을 가지고 활성화될 당시에는 정신질환뿐만 아니라 육체질환을 치료하는 주요 치료방법이었으며, 현재에도 정신질환, 심리문제를 해소하는 주요 방법으로 제안되며 연구개발되고 있다.

3. 메스머

프란츠 메스머(Franz Anton Mesmer,1734-1815)는 근대 최면학의 아버지라고 불린다. 메스머는 독일 의사로서 1766년 박사학위논문으로 동물자기론(動物 磁氣論, animal magnetism)을 발표했는데, 이를 기초로 당시에는 최면술을 메스머리즘(Mesmerism)이라고 일컬었다.

메스머리즘은 모든 동물, 사람에게는 자기(磁氣, magnetic power)라는 것이 있어서 이를 이용하면 모든 병을 치료할 수 있다고 주장하였다. 메스머는 1766년 '행성이 인체에 미치는 영향'이라는 그의 박사논문에서 별들이 사람의 신체에 영향을 주는 자기력이 방출된다고 주장하였다.

이는 당시 유럽에서 유행한 자력(磁力)을 이용한 통증치료에 흥미를 느꼈던 것에서 출발하였는데, 현재에도 자석의 마이너스 극을 통증 부위에 접촉시키면 진통효과가 있는 것으로 알려져 있다.

당시에 메스머는 의학회(醫學會)로부터는 인정받지 못했지만 프랑스 파리에서 개업하여 일반인들을 진료할 때 메스머리즘을 적용하며 선풍적인 인기를 끌었다고 한다.

그러나 기독교와 동료 의사들의 시기를 받아 프랑스 정부의 조사를 받게 되었고, 치료효과는 인정하겠지만 동물자기는 초자연적 현상으로 정식 의술로서 인정할 수 없다는 판정을 받았다.

메스머리즘에서 활용한 동물자기는 한의학에서 말하는 기(氣)와 같은 인식과 유사한 것으로 메스머는 환자의 환부를 손바닥으로 지그시 누르며 치료암시를 부여함으로써 효과를 거두었다.

또 다른 방식은 커다란 유리관에 물, 금속, 자석을 넣어 자기장이 흐르게 하고 환자에게 유리관을 접촉시켜 자기가 흐르게 한 후에 환부에 특별히 제작된 자석을 접촉하며 강한 최면암시를 부여해 치료했다고 한다.

흥미로운 것은 메스머리즘을 시술할 때 치료실의 조명을 비롯한 분위기를 매우 신비로운 느낌을 줄 수 있게 꾸몄다는 점인데, 이는 최면 피험자에게 치료에 대한 기대감을 높일 수 있다는 점에서 치료효과에 영향을 주었을 것으로 생각된다.

당시에 메스머는 메스머리즘으로 심신양면의 병들을 치료했는데, 현재에도 이러한 최면기법은 파스법 또는 무찰법이라는 이름으로 전해지며 활용되고 있다.

4. 브레이드

　제임스 브레이드(James Braid, 1785~1860)는 영국의 의사로 최초로 최면술(催眠術, hypnosis)이라는 용어를 사용하였다. 이는 최면상태가 잠에 빠진 것과 유사한 상태라는 것을 근거로 그리스어의 Hypnos(잠, 잠의 신, sleep)를 참고해 명명한 것이다.

　브레이드는 1843년에 그의 책 '신경수면학(Neuro-Hypnology)'을 통해서 최면은 인공적 조작에 의한 일종의 유사 수면상태라고 주장하였다. 그러나 그가 주장한 최면에 관한 수면학설이 잘못되었다는 비판이 있어서 이를 수정하려 했으나 그대로 유지되면서 최면술이라는 용어가 현재에 이르도록 사용되고 있다.

　브레이드가 최면에 공헌한 점은 고정응시법(固定凝視法)을 창안하여 최면을 발전시킨 것이며, 이 기법은 현재에도 자주 사용되고 있다.

　브레이드는 빛이 나는 구슬, 물체, 또는 벽의 한 점에 시선을 고정하여 응시하는 방법을 사용하면 시신경이 피로해지고 최면상태가 나타난다고 주장하였다.

　고정응시법은 시신경의 피로를 촉진하여 최종적으로 시신경을 마비시키는 것인데, 브레이드는 이 과정에서 언어암시를 병행하여 최면을 촉진하였다. 고정응시법을 사용하면 뇌파가 수면상태와 유사한 상태로 변화되면서 최면상태가 나타난다는 점에서 뇌과학의 발전과 함께 뇌파검사, 자기공명 이미징기술(FMRI) 등으로 검증됨으로써 고정응시법이 최면유도방법으로서의 유용성과 효과가 입증되고 있다.

　또한 고정응시법과 함께 부여하는 최면암시는 사람들의 관념에 반응하는 것이라는 최면원리로 볼 때 시신경의 피로감 촉진은 '눈이 피곤하다'라는 관념을 자극한다. 이러한 자극은 곧바로 '잠자야겠다' 또는 '휴식해야겠다'와 같은 관념을 자극하여 뇌신경과 호르몬 분비가 잠자는 상태, 즉 가수면상태 또는 최면상태로 변화될 수 있다. 또한 뇌파도 명상상태의 알파파 또는 수면상태의 세타파로 변화하게 된다.

5. 리보와 베른하임

리보(Ambroise Auguste Liebeault, 1823~1904)와 베른하임(Hippolyte Bernheim, 1837~1919)은 프랑스 낭시(Nancy) 의과대학 출신의 의사와 의과대학 교수이자 낭시학파의 창시자로서 최면을 과학적으로 연구하여 학문적 체계를 세운 공로가 있다.

특히 리보는 최면은 신비스럽고 이상한 것이 아니라 환자가 갖는 치료에 대한 기대와 암시에 의한 반응과 효과라고 주장하였다.

리보가 개발한 직접암시기법은 환자를 최면상태로 유도한 후 환자가 기대하는 치료암시를 제작하여 반복적으로 암시함으로써 치료효과를 거두는 기법이며, 현재에도 유용한 기법으로 활용되고 있다.

이러한 최면기법은 무의식 또는 잠재의식의 치유적 특성이 임상사례에서 밝혀진 것으로서 무의식 또는 잠재의식은 최면암시를 실행하여 심신양면에 의도한 현상을 나타내는 것으로 밝혀졌다.

이는 무의식 또는 잠재의식이 긍정적 암시이든 부정적 암시이든 무럭무럭 자라게 하는 특성에 의한 심신반응이자 효과이다. 또한 심리학의 실험에 따르면 어떤 자극 또는 암시가 지속적으로 반복되면 그 자극 또는 암시가 강화되어 조건-반사와 같이 어떤 신경반응과 행동으로 나타나는 것으로 밝혀졌다.

낭시대학의 유명한 외과 의사이자 대학교수인 베른하임은 자신의 신경통 환자를 리보에게 의뢰하였는데, 리보가 최면치료로 신경통이 완화되는 효과를 거두는 것을 보고 함께 최면치료소를 개설하여 20여 년간 3만 명이 넘는 환자를 치료하였다.

이들은 최면치료를 통해 약 85%의 성공률을 보였으며, 최면이 환자의 순수한 주관적 경험이 나타나는 것이라고 주장하였다. 이는 내담자가 주관적으로 최면암시를 받아들여 어떤 경험이나 반응을 일으키는 것을 의미한다. 이러한 최면암시의 특성은 '모든 최면암시는 자기암시'라는 원리에 기초하며, 내담자가 타인최면암시를 자기암시화하며 변화와 효과를 일으킨다는 현대 최면의 임상사례와도 일치한다.

6. 샤르꼬

장 샤르코(Jean Martin Charcot, 1825-1893)는 프랑스 파리대학 출신의 신경병 의사이자 교수로서 히스테리를 관념에 따른 심인성(心因性) 질환이라고 보고 최면술을 치료에 적용하는 실험을 하였다. 그는 1862년 살페트리에르(Salpetriere) 병원에서 최면을 실험적으로 적용하여 히스테리로 인한 신체마비환자를 일어서게 하였다.

샤르코는 이러한 것을 통해서 최면은 히스테리 현상이라는 오해를 하였다. 그는 최면현상이 심인성 질환처럼 부정적 관념에 반응을 일으키는 히스테리 환자들에게만 나타난다고 주장하였다.

또한 샤르코는 자신의 제자들과 함께 최면을 실험실에서 연구하며 최면상태가 여러 단계의 현상으로 나타난다는 것을 과학적으로 분류하는 성과를 거두었다.

이렇게 샤르코가 최면을 과학적으로 연구하고 히스테리 환자 치료에 효과를 거두자 유럽의 의사, 학자들은 프랑스 파리로 모여들어 샤르코의 최면치료에 큰 관심을 갖고 임상연구에 참여하였다.

7. 프로이트와 브로이어

프로이트(Sigmund Freud, 1856-1939)는 널리 알려진 바와 같이 심리학의 아버지라고 불리는 정신과 의사이자 심리학자이다. 프로이트는 오스트리아 비엔나에서 25세에 의과대학을 졸업하고 1885년 프랑스 파리로 건너가 그 당시 선풍적인 관심을 끌고 있던 샤르코로부터 히스테리 환자의 최면치료에 대해 배우기 시작했다.

샤르코는 히스테리 증상이 신경체계의 문제가 아니라 심인성, 즉 심리문제와 정서적 문제가 본질적 원인일 수 있음을 강의와 최면시범을 통해 보여 주었다. 프로이트는 비엔나에 돌아와 정신과 의사로서 개업한 후 정신과 의사이자 선배인 브로이어(Josef Breur, 1842-1925)와 히스테리 환자에 대한 임상사례를 관찰하고 토론하며 히스테리를 일으키는 이면에 무의식적 정신역동이 영향을 미침을 발견하였다.

이러한 최면치료 임상사례의 관찰과 샤르코의 가르침, 브로이어와의 교류를 통해 프로이트는 초기 심리학 이론을 정립하게 된다.

그러나 프로이트는 최면유도에서 열 번에 한 번 성공할 정도로 자주 실패하는 미숙한 최면상담사라고 평가되었다. 그 이유는 프로이트가

수십 회에 걸친 턱 종양 치료로 발음에 곤란을 겪었고, 그로 인해 히스테리 환자 치료 경과가 좋지 않아 재발되곤 했다. 그는 이에 실망하여 최면을 사용하지 않게 되었다고 한다.

프로이트가 최면을 사용하지 않게 된 또 다른 이유는 다음과 같다. 프로이트가 최면을 통해 히스테리 환자를 치료하는 장면을 살펴보면 최면상태에서 히스테리를 일으키는 억압된 심리적 동기를 진술한다. 그러나 환자가 중간에 최면에서 깨어나면서 눈을 뜨고 있게 되었는데, 눈을 뜬 상태에서도 억압된 심리적 동기를 진술하는 것을 목격하게 된다. 이를 통해 프로이트는 최면을 사용하지 않아도 되고 다만 안락의자에 환자를 뉘어서 말하게 해도 무의식이 발현된다는 오해를 하게 된다. 이로써 프로이트는 최면을 사용하지 않고 안락의자에 환자를 뉘어 놓고 환자 스스로 억압된 무의식적 동기들을 진술하는 자유연상법을 고안하고 사용하게 된다.

이러한 프로이트의 변화에 따라 임상가들이 최면을 사용하는 것을 소극적으로 함으로써 최면이 발전하는 데 지장을 준 측면이 있다.

프로이트가 최면에 대해 오해했던 점은 첫째, 자신이 최면유도에 미숙하여 자주 실패했다는 점이다.

둘째, 히스테리 환자는 현재에도 난치에 속하는 중증질환이어서 재발되거나 퇴행하는 경우가 많다는 점이다.

셋째, 최면상태에서 잠시 깨어나서 눈을 뜨고 있다고 최면상태가 완전히 소멸하지 않고 최면상태가 일정 시간 유지된다는 특성을 인식하지 못했던 점이다.

넷째, 그 당시 최면치료의 기술, 심리치료 기술이 매우 단순해서 본질적인 원인을 탐색하여 해소하지 못해 재발하거나 퇴행했던 점이다.

다섯째, 프로이트가 최면치료에 미숙하여 실패했기 때문에 자신으로서는 다른 치료수단을 고안할 필요가 있었던 점이다.

이러한 프로이트의 개인적 한계들로 인해 프로이트에 의한 심리학과 치료방법에서 최면이 배제되는 큰 실수가 발생하였다.

만약 프로이트가 최면을 지속적으로 원숙하게 사용하여 환자를 치료하고 심리학과 치료방법을 연구했더라면 현재의 심리학 이론체계와 치료방법은 크게 바뀌었을 것으로 생각된다. 이러한 증거는 최근 임상가들이 많이 사용하는 심리상담 및 심리치료의 이론과 좋은 효과를 거두는 치료방법 이면에는 최면의 특성과 장점들이 활용되고 있다는 점을 들 수 있다.

8. 쿠에의 자기암시

쿠에(Emile Coue, 1857-1923)는 원래 약제사로서 자기암시를 기초로 자기최면을 개발하는 데 크게 기여하였다. 그는 리보와 베른하임의 낭시학파에 이어 신낭시학파를 만들어 브레이드와 함께 자기최면을 연구하고 발전시켰다. 쿠에의 매우 유명한 표준암시로는 '나는 날마다 모든 면에서 더욱 좋아지고 있다(Day by day, in every way, I am getting better and better)'가 있다.

쿠에는 이 자기암시를 잠들기 전 20회, 잠 깨기 전에 20회 반복 암시하면 그대로 효과가 나타난다고 주장하였고, 현재에도 많은 사람들이 이 자기암시를 활용하고 있다. 쿠에는 깊은 최면상태로 유도하지 않아도 되는 일상적인 각성상태에서 반복하여 암시하여도 효과가 있다는 것을 발견하였다.

실제로 그는 자신이 처방한 약을 복용하는 환자에게 자기암시를 병행하도록 최면암시를 처방하여 효과를 높이는 데 활용했는데, 이를 통해 위약효과(僞藥, placebo, 플라세보)와 같은 효과를 거두었다.

특히 쿠에는 암시의 중요성에 대해, 좋은 암시는 잘 처방된 약과 같이 좋은 결과를 거두게 한다며 지금까지 좋지 않은 말을 무의식에 심었다면 앞으로는 좋은 말을 무의식에 심을 것을 강조했다.

이러한 주장은 무의식의 특성을 잘 설명한 것으로서 무의식은 긍정적 암시든 부정적 암시든 구분하지 못하고 무럭무럭 자라게 하는 기름진 토양과 같다는 비유와 일치한다.

9. 미국 최면의 발전

제1차 세계대전 이후에 수많은 전상자들과 민간인들의 정신적 충격을 치료하는 데 최면을 활용함으로써 최면에 대한 관심이 확산되는 계기가 마련된다. 이렇게 효과적인 성과를 내게 된 최면은 드디어 전문적인 정신과 의사, 심리학자들에 의해 임상실험과 검증이 이루어지면서 다양한 학술논문과 최면 전문서적들이 출판된다.

최면은 유럽에서 시작되어 관심이 확대되었지만 전후에는 미국에서 각광받으며 학술연구가 이루어져 학문적 체계를 갖추게 된다. 특히 예일대학교의 학습이론과 행동이론의 대가인 헐(Clark Leonard Hull, 1884-1952)은 최면과 피암시성에 대한 연구를 진행하였다.

이러한 연구 성과는 그의 책 《최면과 피암시성(Hypnosis and

Suggestibility, 1933)》으로 출판되었는데, 그는 최면을 고도의 피암시 상태라고 정의하며 내담자의 특성에 따라 피암시성이 높고 낮은 차이가 있다는 것을 밝혀내었다.

현대 최면의학과 비지시적 최면의 대가이자 에릭소니언 최면의 창시자인 에릭슨(Milton H. Erickson, 1901-1980)은 정신과 의사이자 심리학자였다. 그는 소아마비로 인한 신체장애를 가지고 있었는데, 자기최면암시를 통해 신경마비와 근육마비에서 스스로 회복하며 최면에 더 깊은 관심을 갖게 되었다.

그는 헐의 제자로서 최면을 직접 공부하였고, 자신의 환자들을 치료하는 데 최면을 적극적으로 사용하여 큰 효과를 거두었다. 그의 최면은 전통최면의 특성인 지시적 암시와는 다르게 내담자의 내적자원을 '활용(utilization)'하는 비지시적 암시를 통해 변화를 시도하며 성과를 거두게 된다.

또한 스피겔(Herbert Spiegel, 1914-2009)은 정신분석의사로서 최면유도척도를 개발하였고, 최면을 통증, 공포, 중독환자에게 적용하여 성과를 거두었다. 미국에서는 정신과 의사, 심리학자들에 의해 1949년 임상 및 실험최면학회, 1957년 미국임상최면학회가 설립되어 학술활동을 시작하면서 수많은 최면에 관련된 학회, 최면협회, 최면학술지, 전문가 워크숍 등이 활성화되었다.

특히 1955년 영국의학회, 1958년 미국의학회, 1958년 미국치과협회에서 최면을 유효한 치료수단으로 인정하고 받아들였다. 또한 미국심리학회 산하 심리최면학회가 개설되어 심리상담전문가 및 심리학자들의 학술활동이 활발히 이루어지고 있으며, 1961년 미국정신의학회가 최면을 받아들이면서 최면을 몇몇 정신장애를 치료하는 데 유용한 방법으로서 명시적 권고를 하게 된다.
 이러한 과정을 통해 미국의 주요 대학의 심리학과에서는 최면교육이 증가하게 되었고, 최면은 미국 종합병원이 신설한 통증 클리닉에서도 유용한 치료수단으로 활용되고 있다.

10. 국내 최면 도입과 활성화

 우리나라에 최면이 도입된 것은 일제강점기이며, 일본에 본부를 둔 제국신비회 조선지부에서 최면강의록을 통해 최면을 보급했다. 이는 일본이 일찍이 최면을 서양으로부터 도입해 활용하면서 일제강점기에 최면에 관심 있는 사람들에 의해 유입된 것으로 추정된다.
 1960년 초 정신과의사인 이만용이 《최면술 입문》을 번역 출판, 김용락이 트레이시 박사의 《최면의 신비》를 번역 출판하며 최면을 국내에 보급하게 된다. 국내에 최면 활성화와 전문가 양성은 1966년 심리학자인 류한평 박사에 의해 다양한 최면서적 출판과 전문가 양성 워크숍을 통해서 시작되었다.
 현재는 주로 미국의 최면 전문서적이 국내에 번역되어 소개되는 한편 미국에서 진행되는 최면 전문가 워크숍을 통해 유입된 최면학 자료들이 국내에 활용되고 있다.
 국내에서는 정신과 의사, 심리상담사, 대체의학연구자, 초월영성심리학자, 종교인들에 의해 각 분야의 특성에 따라 활용되고 있다. 최면은 이와 같이 신비한 마술이나 사이비종교도 아니며 어떤 도사님만이 구사하는 신통력도 아니다.

최면은 200여 년에 걸쳐 의사, 약제사, 심리학자, 교육자, 신경학자들에 의해 실험, 검증, 연구를 거듭하며 발전하여 학문적 체계를 갖춰 온 과학의 한 분야이다. 따라서 최면학에 관한 이론을 익히고 최면기법에 대한 임상훈련을 하면 누구나 전문 분야에 적용하여 더 좋은 성과를 거둘 수 있는 촉매제로 활용될 수 있다.

제2장 | 최면이론

1. 최면

역사적으로 많은 학자들이 최면에 대해 다양하게 정의하였는데, 그 중에 가장 널리 인정받고 있는 미국심리학회(APA) 산하에 개설된 심리최면학회의 정의를 소개한다.

"최면이란 건강전문가, 치료사 그리고 학자들이 내담자 또는 피험자의 감각, 지각, 사고 그리고 행동을 체험적으로 변화시키는 과정이다."

이 외에 학자들의 다양한 개념 정의가 있지만 저자는 다음과 같이 최면을 재정의하였다.

"최면(催眠, hypnosis)이란 일정한 언어 암시 또는 비언어 암시에 의해 심리내면의 무의식 정보를 의식화하여 자각하고 변화할 수 있도록 돕는 심리기법이다."

무의식과 의식을 다른 표현으로 잠재의식과 표면의식으로 명명함에 따라 다른 표현으로도 정의 내릴 수 있다. 즉, '최면은 일정한 언어 암시 또는 비언어 암시에 의해 심리내면에 잠재된 잠재의식의 정보를 표면의식화하여 자각하고 변화할 수 있도록 돕는 심리기법'으로 정의할 수 있다.

최면에 의해 무의식의 의식화 또는 잠재의식의 표면의식화가 되면 무의식 또는 잠재의식에 저장된 긍정적 정보와 부정적 정보를 가장 효과적으로 처리할 수 있다. 내담자의 지적정보와 경험정보가 저장된 무의식 또는 잠재의식을 컴퓨터의 저장장치 기능이라고 한다면 저장된 정보를 목적에 맞게 효과적으로 처리하는 다양한 소프트웨어를 최면기법으로 비유할 수 있다.

최면학은 최면기법으로 유도된 최면상태에서 나타나는 무의식의 의식화 현상 또는 잠재의식의 표면의식화 현상을 필요에 따라 변화, 변형, 수정할 수 있도록 연구되었다. 즉 무의식 또는 잠재의식에 저장된 긍정적 또는 부정적 정보를 탐색하여 내담자가 호소하는 고통과 지장을 해소하거나 긍정적 정보를 강화시킬 수 있도록 발전한 학문이다.

또한 최면은 내담자의 고통과 지장을 해소할 뿐만 아니라 의학, 심리학, 상담학, 교육학, 성공학, 대체의학 등 분야별 목적에 따라 활용되며 그 효율성을 높이고 있다.

2. 최면상태

최면상태(催眠狀態, Hypnotic state)란 최면기법을 통해 유도되어 암시가 잘 수용될 수 있는 무의식이 의식수준으로 드러난 상태이다. 즉 무의식이 의식화된 상태를 의미한다.

이때 의식과 무의식의 비율은 의식 활동이 10% 미만이며 무의식 활동이 90% 이상 활성화되는 수면과 유사한 상태이지만 수면과는 달리 의사소통이 가능한 독특한 상태로 변화된다. 이러한 변화로 인해 최면상태에서의 뇌파는 명상상태에서 나타나는 알파파와 수면상태에서 나타나는 세타파의 사이에서 움직이는 것이 여러 연구 결과 확인되었다.

　최면상태에서는 최면암시를 무비판적으로 받아들이는 피암시성이 극단적으로 고조되는 특징을 보이는데, 이는 최면상담사와 내담자 간에 의사소통의 통로가 하나의 창으로 좁혀져 고도로 집중된 상태임을 의미한다.

　예를 들면 의식이 깨어 있는 상태에서는 의사소통하는 통로가 열 개의 창이라면 최면상태에서는 하나의 창으로 좁혀지는 집중상태가 되는 특성 때문에 최면을 심리내면에 집중시키는 기술이라고 설명하기도 한다.

　다음의 또 다른 최면상태에 대한 견해는 서로 대립되지만 최면상태의 특성을 다양하게 해석한다는 점에서 의미가 있다.

　먼저, 최면상태에서는 의식과 무의식이 해리(解離, dissociate)된다는 주장이다. 이러한 견해는 최면상태에서 내담자의 의식 활동이 유지되지만 깨어 있을 때와는 다른 분리된 느낌을 느끼기 때문이다. 최면을 경험한 사람이라면 자신의 의식이 현실적 감각과 분리되어 대화하는 듯한 느낌을 갖게 된다.

　두 번째는 의식과 무의식이 협착된다는 견해이다. 이는 의식 활동이 줄어들고 무의식 활동이 활성화되는 것을 의미한다. 즉 깨어 있을 때와 같은 의식 활동이 줄어들고 무의식 영역에 의식영역이 협착된 상태라고 설명하고 있는 것이다.

　마지막으로 최면상태를 변형된 의식상태(變形意識狀態, altered states of consciousness)라고 심리학에서는 말한다. 이는 일상적으로 깨어 있는 의식 활동이 변형됨으로써 나타난 평소와는 다른 의식상태라는 의미이다. 최면상태에 대한 여러 관점과 해석에서 최면상태의 특징은 의식 활동이 줄어들고 무의식 활동이 활성화된다는 점에서 일치된 견해를 보인다.

최면상태에서는 심신 양면에서 변화가 나타난다. 이때 내담자는 온몸의 근육이 이완되며 마음도 평화롭고 자유로워지는 것을 경험한다. 이러한 심신의 깊은 이완은 뇌파를 명상상태에서 나타나는 알파파 수준으로 떨어뜨리는데, 뇌파가 알파파 수준으로 떨어질 때 뇌에서는 쾌감호르몬인 베타엔도르핀이 분비되어 기분이 좋아지는 동시에 면역력이 급증하는 반응을 나타내는 것으로 알려져 있다.

따라서 최면상태를 자주 경험하는 것만으로도 면역력, 자연치유력이 증가하여 심신건강에 긍정적 효과를 거둘 수 있다. 특히 심한 스트레스로 인한 뇌신경의 긴장, 심신의 긴장이 습관화된 경우에 최면상태의 경험은 긴장과 불안이 완화되는 경험을 반복하는 것이기 때문에 심신 양면의 안정감 회복에 도움이 된다.

최면상태에서는 깊은 심신이완감, 머릿속이 텅 빈 느낌, 잠을 깊게 자는 느낌, 깊은 휴식의 느낌, 평화로움, 자유의 느낌, 시간이 멈춘 느낌, 해방감, 근심이나 걱정이 없는 느낌 등, 심신양면에 긍정적 반응들이 나타난다.

특히 정신적 변화는 매우 긍정적인데, 최면상태에서는 장기간 명상, 참선수행, 기도를 할 때 얻어지는 깊은 통찰력이 경험된다.

이에 따라 내담자는 최면상태에서 자신의 과거 경험이나 기억을 떠올리게 되고 깊은 통찰을 통해 재해석하며 긍정적 방향으로 변화시키는 의미 있는 시간을 갖게 된다.

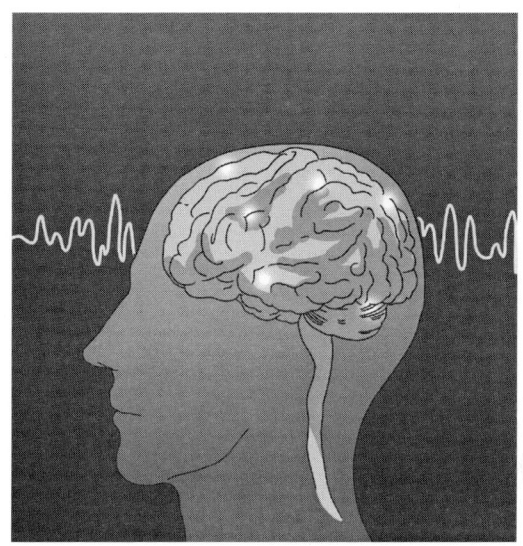

그림 27. 최면상태

3. 최면감수성

　최면감수성이란 최면암시에 반응을 잘하는 내담자의 민감성을 말한다. 내담자의 최면감수성이 매우 높을 경우 최면상담사가 부여하는 최면암시에 따라 심신 양면에 강렬한 경험이나 반응이 나타난다.
　최면감수성은 대부분의 사람들이 가지고 있는 특성으로서 최면을 반복해서 경험하면 더 높아진다. 따라서 최면감수성은 반복하고 지속함에 따라 감수성이 학습되고 훈련되어 점진적으로 증가하는 것을 알 수 있다.
　최면감수성은 남성보다 여성이 높고, 의사소통이 충분하지 않은 아동보다 청소년이 높다. 또한 지능이 높은 사람, 감성적인 사람, 집중을 잘하는 사람, 상상력이 좋은 사람들은 최면감수성이 높다.

4. 피암시성

　최면감수성과 함께 최면에서 중요한 요소가 피암시성이다. 피암시성은 내담자가 최면상담사의 최면암시를 잘 받아들이는 특성을 말하며, 피암시성이 높을수록 최면에 잘 걸리게 된다.
　피암시성과 최면감수성은 상호작용하며 최면유도를 촉진하고 좋은 효과를 거두게 한다. 따라서 최면감수성은 최면암시를 잘 받아들이는 피암시성이 높아짐에 따라 더 민감해진다. 또한 최면감수성이 민감한 내담자는 피암시성이 높아져 최면에 대한 반응이 증가하는 상호작용을 한다.
　피암시성은 상식 수준의 지식을 가지고 의사소통이 가능한 일반인의 75~95%가 가지고 있다고 한다. 그러나 의심이 많은 사람, 불안과 긴장이 높은 사람, 과거에 심한 충격을 받은 사람, 스트레스가 심해 긴장감이 높은 사람은 피암시성이 낮게 나타난다. 피암시성이 낮을 때는 점진적으로 심신이완 훈련을 하면서 최면경험의 깊이를 증진시키는 것이 좋다.

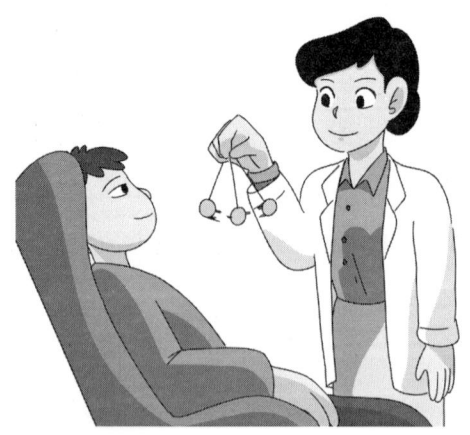

그림 28. 최면감수성과 피암시성

5. 신뢰관계 형성

최면감수성과 피암시성보다 더 중요한 요소가 있는데, 그것은 최면상담사와 내담자 간의 깊은 신뢰관계(rapport)의 형성이다. 왜냐하면 최면은 기본적으로 내담자가 눈을 감고 시작하고 마치게 된다. 따라서 내담자의 입장에서는 최면상담사를 충분히 신뢰하지 못한다면 심신양면에 긴장과 불안이 작용하여 최면유도에 장애가 발생할 수 있다.

일반 심리상담에서도 내담자와 상담자 간에 깊은 신뢰관계 형성이 물론 중요하나, 최면상담사와 내담자 간의 신뢰관계는 특히 중요한 요소이다. 따라서 최면은 최면상담사의 암시를 안심하고 받아들일 수 있는 깊은 신뢰관계를 토대로 피암시성과 최면감수성이 높아짐에 따라 더 좋은 반응과 효과를 거둘 수 있게 된다.

이렇듯 최면은 최면상담사의 최면유도능력도 중요하지만 신뢰관계, 피암시성, 최면감수성 등이 매우 중요한 요소로 작용한다. 특히 최면은 내담자의 개인 특성인 피암시성과 최면감수성에 크게 영향을 받는다. 따라서 최면은 거는 것이 아니라 내담자가 최면에 걸려 주는 것이라고도 하며, 모든 최면은 자기최면이라고 말하기도 한다.

6. 최면에 대한 왜곡된 인식

최면은 질병치료나 심리상담, 교육, 스포츠 선수들의 경기력 향상을 위한 훈련 등에서 다양하게 활용되며 그 효과를 입증하고 있다. 또한 사람들은 일상 속에서 자기최면을 활용하고 있는데, 의식적이든 무의식적이든 자기암시를 활용해 삶을 긍정적으로 변화시키고 있다. 그러나 최면에 대한 이해의 부족으로 막연한 거부감이 일부 남아 있다.

최면에 대한 왜곡된 인식으로는 다음과 같은 것들이 있다.

첫째, 최면에 걸리면 의식을 잃어서 아무것도 기억할 수 없는 무의식 상태가 된다는 오해가 있다. 간혹 텔레비전 프로그램을 보면 최면을 거는 장면에서 출연자가 고개를 떨구고 의식을 잃은 것처럼 나오는데 이를 보는 시청자에게 오해를 만들 수 있다.

앞서 설명한 바와 같이 최면상태에서는 의식 활동이 줄어들 뿐이지 의식을 잃은 상태가 되는 것이 아니다. 만약에 내담자가 의식을 잃고 있다면 어떤 의사소통도 불가능할 것이다. 최면상태에서 내담자는 여전히 의식 활동이 유지된다. 그렇게 의식이 있기 때문에 최면상태에서 내담자는 최면상담사와 의사소통을 하고 협력하며 문제를 찾고 해결할 수 있다. 한편, 최면에 걸리면 의식을 잃는 것이 아닌가라는 오해는 최면경험 후 의식 활동이 정상적이었다는 것을 들어 최면에 안 걸린 것이라는 또 다른 오해를 하게 되는 이유가 된다. 무의식이란 심리학 개념의 하나일 뿐 의식을 잃는다는 의미나 개념이 아니다.

둘째, 최면에 걸리면 아무것도 기억할 수 없다는 오해가 있다. 전혀 그렇지 않다. 최면상태에서도 정상적인 의식 활동이 유지되어 모든 최면과정을 생생히 기억하게 된다. 이 오해도 첫 번째 오해인 의식을 잃는 것 아닌가라는 오해의 연장선상에서 발생한다.

셋째, 최면에 걸리면 모든 비밀을 털어놓게 된다는 오해가 있다. 절대 그렇지 않다. 최면에 걸려도 자신을 방어하는 자아방어기제가 정상적으로 작동하고 있고, 의식적 통제력에 의해 말하고 싶은 것과 말하기 싫은 것을 여전히 선별한다.

셋째, 최면에 걸리면 진실만을 말하게 된다는 오해가 있다. 전혀 그렇지 않다. 최면에 걸려도 자신에게 불리하면 얼마든지 거짓말을 하게 된다. 이런 오해 때문에 일반인들은 범죄수사에서 범인에게 최면을 걸어 지은 죄를 밝힐 수 있지 않을까라는 오해를 한다. 범죄수사는 목격자에게 최면을 걸어 범죄현장, 범인 인상착의, 범죄에 이용된 차량번호 등, 당시에는 충격적이어서 기억하지 못하는 단서가 될 만한 기억을 회상하는 데 활용된다. 범인에게 최면을 걸어 '네 죄를 자백하라'고 하면 어떻게 될까? 범인은 100% 거짓말하게 된다.

넷째, 최면에 걸리면 시키는 대로 한다는 오해가 있다. 전혀 아니다. 간혹 텔레비전 예능 쇼에서 보여 주는 무대최면이 이러한 오해를 하게 만든다. 물론 최면을 활용한 공연은 미국 라스베이거스 같은 유흥과 관광을 주업으로 하는 곳에서는 매우 흔한 일이다. 중요한 것은 최면은 내담자가 최면을 받아들이겠다는 동의가 있을 때 가능한 것이라는 점이다. 내담자 또는 무대에 오른 자원자들은 이미 최면을 받아들여 반응을 일으키는 것에 동의를 한 사람들이다. 다시 한번 강조하자면 모든 최면은 자기최면이다.

다섯째, '최면에 걸려서 깨어나지 못하면 어쩌나'와 같은 오해가 있다. 이 또한 전혀 아니다. 이는 첫 번째 오해인 의식을 잃는다는 오해에서 비롯된 것이다. 최면에 걸린 상태에서도 불편하거나 긴장감, 불안감 등이 고조되어 힘들면 언제든지 깨어날 수 있다. 또한 최면상태에서는 항상 최면상담사와 내담자가 의사소통을 유지하고 있기 때문에 언제든지 깨어나고 싶다고 요청할 수 있어서 최면상담사가 즉시 도움을 줄 수 있는 환경에 있다.

최면을 받아 본 사람들은 최면상태의 평화로운 느낌, 자유로운 느낌,

깊은 이완감 등이 심신 양면에 좋은 경험을 주기 때문에 1시간 동안 최면을 받았어도 약 10~20분 정도 시간이 흐른 것으로 인식한다.

어떤 이유에서든 최면을 받아 보지 않은 일반인들에게 이런 오해가 있다는 점을 최면상담사는 인정하고 최면을 유도하기 전에 어떤 오해가 있는지 잘 살펴서 충분히 이해할 수 있도록 도와야 한다. 내담자의 오해를 풀어 주지 않고 불안한 상태에서 최면을 유도하면 긴장감과 불안감 때문에 최면유도가 원활하게 이루어지지 않는 경우가 있기 때문이다.

7. 최면의 적용

세계보건기구(WHO)의 헌장에는 "건강이란 질병이 없거나 허약하지 않은 것만을 말하는 것이 아니라 신체적, 정신적, 사회적, 영적으로 완전히 안녕한 상태에 놓여 있는 것"이라고 정의하고 있다. 또한 사람은 인종, 종교, 정치, 경제, 사회의 상태 여하를 불문하고 고도의 건강을 누릴 권리가 있다는 것을 명시하고 있다.

최면은 인간의 의식과 무의식, 표면의식과 잠재의식 및 잠재능력을 활성화하여 인간의 신체적, 정신적, 사회적, 영적 건강을 회복하고 증진할 수 있는 가장 효과적인 방법이다. 또한 최면은 개인의 심리적 고통이나 삶에 지장을 주는 원인들을 찾고 해결할 뿐 아니라 잠재능력을 활성화할 수 있는 유용한 방법이다.

최면은 오랜 역사 속에서 정신과 의사, 심리치료사들에 의해 실험적 연구와 임상실제에 적용하여 성과를 거두어 온 검증된 정신의학, 심리상담 및 심리치료 영역의 유용한 치료방법이다.

최면은 사람들의 건강관리방법으로서도 좋은 성과를 거두는데, 깊은 신체이완과 심리적 안정감 증진은 면역력과 자연치유력 증진에 기여하는 것으로 알려져 있다. 이 외에도 최면을 적용한 멘탈강화, 다이어트, 선수 기록 향상, 범죄수사, 잠재능력 개발, 조직관리, 광고, 성공학, 리더쉽, 깊은 기도와 명상법, 아이디어 창출 등 각 분야에서 목표를 달성을 위한 효과적인 촉매제로서의 기능을 발휘하고 있다. 현재 각 분야의 전문가들은 '최면'이라는 이름을 직접 사용하지는 않지만 최면의 핵심원리를 활용하여 좋은 성과를 거두고 있는 것이 사실이다. 널리 알려져 있는 이미지 트레이닝, 멘털 리허설, 심상법, 심상치료, 내적 시각화, 시각화 훈련, NLP 트랜스, 끌어당김의 법칙 등은 최면의 핵심원리가 사용된 좋은 예이다. 심지어 오래된 치과의 최면무통마취도 여전히 사용되고 있다.

8. 최면의 종류

최면은 자기최면과 타인최면으로 크게 구분된다. 자기최면은 스스로 자기암시에 의해 최면상태로 들어가 유용한 목표암시를 부여함으로써 개인의 심신건강을 증진하며 자기 관리 하기에 유용하다. 또한 개인의 잠재능력을 활성화하여 자기 계발을 하거나 업무의 성과를 높일 때도 효과적이다.

자기최면으로 유도된 최면상태는 깊은 심신이완과 함께 매우 평화롭고 자유로운 마음을 경험하는 기회가 되는데, 이는 오랜 명상수행자들이 경험하는 명상상태와 거의 일치한다.

타인최면은 최면상담사가 최면유도법을 적용하여 내담자에게 최면을 유도하는 방식이다. 타인최면은 전통적으로 내담자를 최면상태로 유도한 후 처방된 목표암시를 부여하고 암시를 강화하여 효과를 기대하는 방식이다.

전통최면은 최면학과 심리학, 상담학의 연구 성과에 따라 점차 변화하였다. 현대의 타인최면은 내담자를 최면상태로 유도한 후 무의식 또는 잠재의식에 저장된 부정적 정보를 해소하거나 긍정적 정보를 더욱 강화하는 방식을 적용하고 있다.

특히 타인최면은 전통최면의 단순한 방식에서 벗어나 최면상태에서 다양하게 개발된 심리상담 및 심리치료기술을 적용하며 더 좋은 성과를 거두고 있다. 그 밖에 독일의 슐츠박사가 개발한 자율훈련(AT)은 최면원리를 이용하여 깊은 심신이완을 촉진하여 심신 건강관리에 기여하고 있다. 또 다른 영역으로는 전생을 보는 최면으로 유명해진 과거퇴행기법(past life regression), 개인의 성장과정의 경험을 탐색하고 변화를 시도하는 연령퇴행기법(age regression), 미래의 목표, 비전을 세우고 강화하는 미래진행기법(future life progression) 등은 최면의 목적에 따라 발전된 최면기법들이다. 이렇듯 최면은 전통과 현대를 막론하고 각 분야의 필요에 따라 최면의 핵심원리가 활용됨으로써 해당 분야의 효과를 높이는 데 기여하며 계속 발전하고 있다.

제3장 | 최면 예비단계

1. 최면상담사의 준비

최면은 일반적인 심리상담과 마찬가지로 내담자와 상담사 간에 신뢰관계(rapport)가 형성되었을 때 더 좋은 성과를 기대할 수 있다.

최면상담사는 기본적으로 최면이론과 최면기법에 대한 정확한 학습과 임상훈련을 통해 효과를 거둘 수 있는 마음의 준비와 태도를 갖추어야 한다.

또한 내담자가 최면상담사를 깊이 신뢰할 수 있도록 옷차림, 태도, 말투, 표정 등 언어와 비언어의 모든 면에 주의를 기울여야 한다.

왜냐하면 내담자는 심리적 고통과 장애로 인해 긴장과 불안이 고조되어 매우 예민한 심리상태에 있고 치유효과에 대한 높은 기대를 가지고 최면상담사를 찾아오기 때문이다.

내담자 입장에서 상담실의 분위기와 최면상담사의 태도는 첫인상을 형성하기 때문에 편안하고 안정감이 느껴지면서도 믿고 기대할 수 있는 인식을 줄 수 있어야 한다.

특히 최면은 암시로 시작해 암시로 끝난다는 말처럼 최면상담사의 말과 분위기가 언어 및 비언어적 암시의 영향을 주게 된다. 또한 최면상담사의 한마디 말은 이미 권위가 있는 중요한 의미를 지닌 권위암시의 성격으로 인식되기 때문에 매우 신중하게 의사소통해야 한다. 이런 측면에서 최면상담사는 내담자에게 안정감을 주고 신뢰할 수 있는 분위기와 품위를 유지하며 평소에 철저히 준비해야 한다.

2. 최면상담실 환경

최면상담실은 일반적인 상담실과는 달라야 한다. 최면상담실을 잘 꾸며야 하는 이유는 최면상담실이라는 공간 자체가 비언어적 암시로 작용하기 때문이다. 이와 같이 최면상담실이라고 명명된 장소는 내담자에게는 최면을 받는 곳, 어떤 변화가 발생하여 자신의 어려운 점이 해소될 수 있는 곳이라는 희망과 가능성을 갖게 되는 비언어적 암시가 작용한다.

최면상담실은 주위의 소음으로부터 차단될 수 있도록 방음 및 차음이 되어야 하고, 실내가 항상 쾌적한 느낌을 줄 수 있도록 냉난방이 조절될 수 있어야 한다. 만약 소음이 발생하거나 추위나 더위에 내담자가 영향을 받게 된다면 내담자가 편안하게 최면에 집중할 수 없는 요인이 될 수 있다.

최면상담실의 창문은 커튼으로 가려 차광을 하고 조명은 위쪽에서 내리쪼이는 조명은 피해야 한다. 최면상담실의 조명은 벽등과 같은 간접조명을 사용하여 조도를 조절할 수 있어야 한다. 또한 최면상담실에는 사무 집기가 없이 매우 단순한 환경을 갖추는 것이 좋다. 너무 사무 집기가 너무 많으면 내담자가 집중하는 데 방해가 된다.

마지막으로 내담자가 최면을 받을 때 앉거나 누울 수 있는 최면용 개인 소파 또는 안락의자가 필요하다. 최면용 의자의 등받이 각도의 조절은 내담자가 편안함과 안정감을 느낄 수 있도록 협의해서 정하는 것이 좋다. 최면상담사가 일방적으로 의자를 뒤로 깊이 뉘일 때 불편해하거나 긴장하는 경우도 있고, 여자 내담자는 불안감이 발생하여 최면유도에 방해가 될 수 있다.

최면을 유도할 때나 최면상태에서 심리상담 및 심리치료를 할 때는 개인에 따라 체온이 내려가는 경우도 있고, 여성 내담자인 경우 신체가 노출되는 것에 긴장감을 가질 수 있기에 몸을 덮을 수 있는 무릎 담요를 준비하는 것도 필요하다.

3. 최면상담사의 마음가짐

최면은 기본적으로 언어암시를 통해 이루어진다. 최면상담사의 음성과 음파는 내담자의 청각신경을 자극하여 뇌파에 영향을 미치기 때문에 언어암시에는 최면상담사의 심리상태가 반영될 수밖에 없다. 따라서 최면상담사는 늘 기도나 명상을 통해 마음의 안정감을 유지하도록 관리해야 한다.

만약 최면상담사의 심리상태가 좋지 않거나 건강에 이상이 있다면 최면유도를 하지 않는 것이 좋다. 왜냐하면 의사소통에서 상대방에 전달되는 메시지 또는 의미의 비중은 말로 표현된 내용이 7%, 음성이 38%, 표정과 태도로 전달되는 느낌이 55%를 차지한다.

이는 최면상담 시 의사소통에서 상담사의 언어메시지가 차지하는 비중이 겨우 7%이고 비언어메시지인 음성과 느낌이 93%를 차지할 정도로 최면상담사의 심리상태와 신체상태가 내담자에게 절대적인 영향을 주게 됨을 의미한다.

결과적으로 최면상담사의 현재 심리상태와 신체상태에 따라 최면이 잘 유도될 수도 있고 실패할 수도 있다. 특히 최면임상 경험이 많다고 방심하면 최면유도에 방해되기 때문에 최면상담사는 경험과 상관없이 항상 주의를 집중하여 최선을 다하는 마음가짐이 필요하다. 그만큼 최면유도와 최면상담은 민감하고 변화가 많은 영역이다.

그림 29. 메라비언 법칙

4. 내담자의 최면 받는 자세

내담자가 최면을 받는 자세는 심신이완에 직접 영향을 주기 때문에 가장 좋은 조건을 갖추어야 한다. 최면을 받는 내담자에게 가장 편안한 자세는 안락의자에 눕는 것으로, 이는 심신양면에 깊이 휴식하는 느낌을 받을 수 있는 조건이 된다. 만약 최면의자가 불편하다면 내담자의 자세는 긴장되고 불안정해서 최면상담사의 최면암시에 반응하기보다는 불편감에 주의가 집중되어 최면유도가 잘 안될 수 있다.

따라서 최면상담을 받기 위해 내방한 내담자가 오직 최면유도와 최면상담에 집중할 수 있도록 안락한 환경을 갖추는 것은 매우 중요하다.

그림 30. 최면 받는 자세

5. 최면상담사의 최면유도 위치

최면상담사가 최면을 유도하는 위치는 최면유도기법에 따라 다를 수 있다. 최면유도기법에 다소 차이가 있을 수 있으나 최면유도는 대체로 내담자의 정면 또는 측면에서 하게 된다.

가장 중요한 점은 최면유도는 언어암시를 주로 사용하기 때문에 내담자가 언어암시를 잘 들을 수 있는 적당한 위치와 거리를 확보해야 한다는 점이다. 왜냐하면 최면상담사와 내담자의 거리가 너무 멀면 무슨 말을 하는지 알아들을 수 없어서 최면유도에 방해가 되고, 너무 가까운 것도 내담자가 부담스럽거나 긴장할 수 있기 때문이다.

특히 여성 내담자인 경우에는 눈을 감고 최면상담을 받는 동안 자신이 안전하게 보호되고 있다는 믿음을 가질 수 있도록 배려를 잘해야 한다.

그림 31. 최면상담사의 위치

6. 내담자의 긴장과 불안

내담자가 최면상담 또는 일반적인 심리상담을 받기 위해 내방할 때는 기본적인 긴장감과 불안감이 있을 수 있다. 물론 내담자가 자신의 문제를 해결하기 위한 기대감을 가지고 내방하는 점도 있지만 낯선 장소, 낯선 최면상담사, 낯선 치유방식에 대한 적응이 필요하다. 따라서 최면상담사는 내담자를 주의 깊게 관찰하여 내담자가 편안하게 적응할 수 있도록 배려할 때 점차 안정감과 신뢰관계가 형성된다.

또한 최면에 대해 오해함으로써 발생하는 긴장과 불안이 있을 수 있다. 먼저, 최면을 받으면 '의식을 잃거나 깨어나지 못하면 어쩌나'와 같은 왜곡된 인식으로 인한 불안이다. 다른 하나는 최면에 대한 지나친 기대감이다. 최면에 대한 지나친 기대감은 최면을 거의 마술 또는 기적을 일으키는 신통력으로 왜곡되게 인식하게 함으로써 긴장과 불안을 불러일으킨다.

　두 가지 경우 모두 몸도 마음도 긴장되게 할 수 있기에 최면유도 전에 사전면접을 통해 내담자가 내방한 목적과 최면에 대해 어떤 인식을 가지고 있는지 세심하게 살펴서 오해를 풀어 최면유도에 방해되는 요소를 해소할 필요가 있다.

　이 외에도 최면에 관련된 영화, 소설, 드라마, 텔레비전 쇼를 보고 최면에 대한 왜곡된 인식을 가진 경우도 있기 때문에 사전면접을 통해 오해를 해소하는 것이 매우 중요하다.

　내담자의 긴장과 불안은 내담자가 가지고 있는 문제의 심각성에 따라 단기간에 해소되지 않는 경우도 있다. 따라서 최면상담사 또는 심리상담사는 내담자의 문제를 점진적으로 해소하려는 회기목표를 세워서 합리적으로 진행할 필요가 있다. 특히 내담자들 중에는 이런저런 치료를 시도하다 변화가 없어서 최후에 '최면이라도 받아 보자'라는 심정으로 내방하는 경우가 많기 때문에 내담자의 최면상담에 대한 높은 기대감을 점진적 해결, 합리적 해결 과정으로 조정할 필요도 있다.

7. 내담자의 최면 저항

　내담자를 최면에 유도하는 과정에서 최면에 저항하는 반응이 발생하기도 한다. 앞서 설명한 바와 같이 최면에 대한 왜곡된 인식이 원인이 되어 내담자가 최면유도에 저항이 발생하는 경우도 있지만 더 중요하게 다루어야 하는 것은 최면상담사와 내담자 간에 신뢰관계가 충분히 형성되지 않아서 저항이 생기는 경우이다.

최면에 저항하는 반응은 다양하게 나타나는데 다음과 같은 신체반응이 있다. 눈을 살짝살짝 떴다 감았다 한다. 최면유도가 시작되면 목과 얼굴이 빨갛게 홍조가 생긴다. 호흡이 거칠어지며 두려워한다. 손을 자꾸 만지작거리며 움직인다. 가만히 앉아있지 못하고 움직인다. 최면유도 중에 눈을 갑자기 뜬다. 머리가 아프다고 한다. 가슴이 답답하다고 한다. 배가 아프다고 한다.

이처럼 최면유도에 저항이 발생할 때는 최면유도를 중단하고 잠시 휴식하도록 허용하면서 어떤 점이 긴장되거나 불안한지 질문하여 충분히 풀어 주어야 한다.

가끔씩 내담자 중에는 누군가에게 지배되는 것에 대해 방어적 태도를 가지고 있는 것이 최면유도를 방해하기도 한다. 최면에 대한 어떤 저항이든 실망하지 말고 친절하게 상담하고 오해와 긴장을 풀고 안정감과 신뢰감 형성을 하면서 최면유도를 진행해야 한다.

어떤 최면상담사는 내담자의 저항을 오해하여 내담자가 자신을 불신하거나 무시한다는 느낌을 받아 불쾌해하는 경우도 있다. 이는 최면상담사의 자아존중감이 낮아서 발생하는 문제로 개인 심리상담 또는 최면상담을 통해 상담사의 자기문제를 해소하는 것이 필요하다. 또 다른 저항은 내담자에게 적용한 최면유도기법이 적합하지 않아서 발생하기도 한다. 따라서 최면유도기법이 저항을 일으킨다면 다른 기법으로 바꾸어 적용하는 순발력도 필요하다.

실제 사례를 보면 저자가 60대의 남성 내담자를 빛 최면기법으로 최면을 유도하는 과정에서 빛이 내담자의 가슴을 비춘다고 암시하자 갑자기 숨을 헐떡이며 격한 신체반응을 보였다. 급히 깨워서 휴식하게 한 후 무엇 때문인지 묻자 내담자가 젊었을 때 사우디아라비아 건설현장에 식당 조리사로 근무했던 경험을 이야기했다. 그는 사막의 높은 기온에 더하여 조리실의 높은 실내온도 속에서 근로자들의 식사를 준비했었다고 한다. 이러한 내담자의 경험을 고려하여 즉시 다른 최면유도기법을 적용하여 안전하게 최면을 유도할 수 있었다.

이와 같이 최면상담은 최면유도 및 최면상태에서 과거의 문제경험을 현재에 드러내어 해소함으로써 안정감을 회복하게 하는 좋은 기회이다.

8. 내담자 초기 면접과 신뢰관계 형성

처음 방문한 내담자는 일상적이지 않은 낯선 환경, 낯선 상담사를 접하게 되므로 매우 어색하고 긴장된 심리상태를 나타낼 수 있다. 이때 상담자의 친절한 배려와 세련된 태도는 내담자의 긴장과 불안을 해소하여 안정감을 회복할 수 있게 한다. 상담사가 항상 내담자를 매우 귀한 손님을 맞이하는 마음과 태도로 초기 면접에 임한다면 빠른 시간 내에 편안한 마음으로 의사소통할 수 있게 된다. 이와 같이 최면유도 전에 충분한 대화를 통하여 최면에 대한 불안이나 저항 등을 세심하게 살펴서 해소하는 과정은 최면상담사와 내담자의 신뢰관계 형성에 매우 중요하다.

다른 상담과 마찬가지로 신뢰관계 형성의 정도에 따라 내담자가 자신의 마음을 최면상담사에게 얼마나 개방하느냐가 결정된다. 따라서 최면상담사는 내담자가 보이는 언어적 반응과 비언어적 반응을 세심히 살펴서 적절히 반응하며 배려하는 감각적 민감성이 필요하다.

내담자와 최면상담사간의 신뢰관계가 얼마나 잘 형성되느냐는 최면상담과 일반 심리상담에서 매우 중요한 요소여서 항상 정성을 다해야 한다. 왜냐하면 초기 면접과 첫인상 그리고 매 회기마다 내담자를 대하는 최면상담사의 태도가 내담자의 문제 해결에 매우 큰 영향을 주기 때문이다.

그다음 절차는 최면상담사가 내담자를 면접하면서 내담자가 주로 호소하는 문제가 무엇인지 살펴서 목표를 세우고 그 목표가 잘 달성될 수 있도록 긍정적인 동기부여를 하는 것이다. 긍정적 동기부여는 상담 목표 달성에 대한 가능성을 보여 주고 희망을 갖게 함으로써 최면상담 과정에 적극적인 협력을 이끌어 낼 수 있게 한다.

그러나 매우 주의할 점은 "최면으로 하면 뭐든지 다 됩니다."와 같은 만용을 부려서는 안 된다는 점이다. 항상 초기 면접 결과에 따라 합리적인 목표를 설정하고, 점진적으로 목표를 달성할 계획을 세우는 수준에서 동기부여가 이루어질 때 내담자도 안심하게 된다.

반대로 내담자가 최면에 대한 환상을 가지고 마법이나 기적이 일어날 것처럼 기대한다면 최면상담사는 친절하고도 합리적인 설명을 통해 적절한 수준의 기대를 할 수 있도록 도와야 한다.

9. 심신이완과 호흡법

최면유도를 시작할 때 제일 먼저 시도하는 단계가 신체를 이완하는 것이다. 먼저 내담자에게 지시를 하면서 몸이 긴장된 곳이 없는지 살피면서 신체의 각 관절과 근육을 가볍게 풀 수 있도록 한다. 선 자세로 가볍게 풀어도 되고 안락의자에 누워서 신체를 움직이며 풀어도 좋다. 이렇게 신체의 긴장감을 풀어 기초적인 이완을 한 후에는 복식호흡을 유도하여 기본적인 심신이완이 되도록 이끈다.

복식호흡은 배꼽을 중심으로 숨을 깊이 들이마시고 천천히 내쉬는 방식으로 진행한다. 이때 숨을 지나치게 많이 들이마셔서 복부의 압력이 높아지는 것은 오히려 심신을 긴장시키기 때문에 적당량을 천천히 들이마시고 천천히 내쉬는 것이 좋다.

호흡법을 유도할 때 주의할 점은 내담자가 숨을 들이마시고 내쉬는 것을 보면서 '숨을 천천히 들이마시고 천천히 내쉽니다'와 같이 유도해야 한다.

이때 내담자가 진행하는 호흡과 상관없이 호흡법을 유도하면 내담자를 살피지 않고 있다는 점을 내담자가 알아차리게 되어 신뢰를 잃을 수 있다. 최면상담사는 항상 내담자를 고도의 섬세한 감각적 민감성을 가지고 관찰하며 친절하게 이끌어 갈 수 있도록 하기 위한 훈련이 필요하다.

그림 32. 심신이완과 호흡법

10. 최면유도 음성

　최면을 유도할 때 최면상담사의 음성은 매우 큰 영향을 끼친다. 최면음성은 음성파동으로서 내담자의 청각신경을 자극한 후 뇌파에 동조현상을 일으켜 각성상태의 베타파에서 명상상태 또는 가수면상태의 알파파로 변환시키는 데 기여한다. 따라서 발성법부터 철저하게 연습하여 최면유도에 적합한 최면유도음성을 만들 필요가 있고, 최면유도음성의 터득은 매우 중요하다.
　심지어 최면음성은 훈련을 통해 좋은 음성을 획득했다고 하더라도 자만하면 안 된다. 왜냐하면 최면유도를 할 시점에 최면상담사의 심신상태에 따라 불안정해질 수 있기 때문이다. 따라서 최면상담사는 항상 좋은 심신상태를 유지할 수 있도록 자기관리를 잘해야 한다.
　최면유도는 분명한 발성을 기초로 최면유도문을 말하는 동시에 차분하고 안정적인 음성을 적용할 때 내담자를 편안하게 최면상태로 이끌 수 있다. 평소에 꾸준한 발성 연습을 할 필요도 있다.
　최면음성은 강한 카리스마를 이용하는 경우도 있지만 내담자의 심리가 긴장과 불안이 높거나 문제의 심각성이 클 때는 부적합한 방식이기 때문에 사용하지 않는 것이 좋다.
　안정감 있는 최면유도음성을 통해 경험되는 깊은 심신이완의 느낌은 평소에 심리적 고통으로 인해 발생된 긴장감과 불안감을 기본적으로 해소하는 효과를 거둔다. 즉 최면을 반복적으로 경험하는 것만으로도 긴장감과 불안감이 점진적으로 해소되는 효과가 있다는 뜻이다.
　최면상담사들 중에는 아나운서와 같은 음성으로 발성하는 경우도 있고, 억양이 높거나 낮은 사투리 같은 어조로 발성하는 경우도 있다. 어편 방식이든 장단점은 있지만 심리적으로 불안정한 내담자에게 가장 적합한 최면음성은 중저음의 조용하고 편안한 느낌의 음성이다. 최면음성 만들기는 최면상담사의 양성과정에서 신중하고도 반복적으로 훈련해야 할 매우 중요한 요소이다.

그림 33. 최면유도음성

11. 최면암시

최면암시는 명료한 문구로 작성하여 내담자가 정확히 인식할 수 있도록 전달해야 한다. 또한 최면암시문은 내담자가 이해하기 쉬워야 하며 짧고 간단하게 작성하여 쉽게 받아들일 수 있도록 만드는 것이 가장 좋다.

최면암시의 가장 중요한 원리는 항상 암시가 실현되는 현재시제로 말하는 것이다. 예를 들면 '왼팔이 매우 따뜻하다'와 같은 최면암시를 말한다.

다음으로 최면암시는 반복적으로 암시함으로써 반응을 일으키기 때문에 일정한 횟수를 반복해서 암시한다. 또한 최면암시문의 작성은 항상 긍정적이고 허용적인 문구로 작성하여 내담자가 편안하게 받아들일 수 있도록 한다.

대단히 좋지 않은 최면암시의 예는 '비록 현재에는 머리가 아프지만 점점 나아진다'와 같은 암시이다. 즉 앞의 문구에 부정적인 전제를 한 후에 뒤에 긍정적인 암시를 하는 경우이다.

이는 뇌의 특성에 따라 부정문과 긍정문을 구분하지 못하고 부정적 암시와 긍정적 암시를 동시에 받아들이고 반응하는 부작용을 일으킨다. 무의식에 부여된 최면암시는 무엇이든 반응을 일으킨다.

예를 들어 최면암시를 '빨간 사과를 떠올리지 마시고 노란색 귤을 떠올리세요'라고 하면 뇌는 빨간 사과와 노란색 귤을 떠올리게 된다. 이처럼 최면암시는 뇌에 직접 반응을 일으켜 신경생리적 변화를 일으키기 때문에 매우 신중하게 작성하여 사용해야 한다.

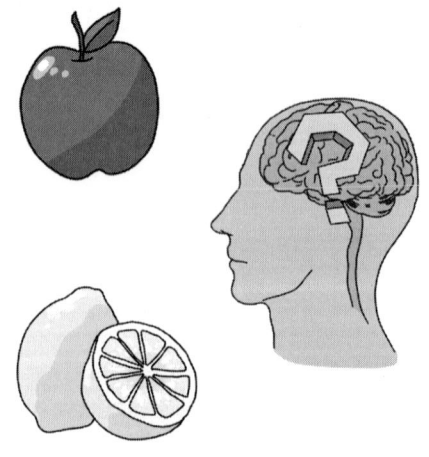

그림 34. 최면암시

제4편

최면기법 실기

최면술이라고 널리 알려진 최면기법은 초기에 메스머리즘으로 출발하여 최면, 최면술, 심상법, 내적시각화, 최면기법 등으로 그 명칭이 변화되어 왔다. 이러한 변화와 함께 최면기법은 임상현장에서 높은 효과를 거두며 발전해 왔다.

제1장 | 피암시성 검사

피암시성 검사란 내담자가 최면암시를 잘 받아들일 수 있는지 알아보는 검사이다. 피암시성은 내담자가 최면상담사의 최면암시를 잘 받아들이는 특성을 말하며, 피암시성이 높을수록 최면에 잘 걸리게 된다.

피암시성과 자주 혼돈을 일으키는 최면감수성은 최면암시에 잘 반응하는 내담자의 민감성을 의미하기 때문에 구분하여 이해할 필요가 있다. 앞서 설명한 바와 같이 최면감수성은 최면암시를 잘 받아들이는 피암시성이 높아짐에 따라 더 민감해진다.

마찬가지로 최면감수성이 민감한 내담자라면 피암시성이 높아져 최면에 대한 반응이 높아지는 상호작용을 한다.

피암시성 검사는 내담자가 처음 내방하였을 때 실시해 보는 것이 좋다. 왜냐하면 내담자가 최면암시를 잘 받아들일 수 있는 수준에 따라 최면유도기법을 다르게 적용할 필요가 있기 때문이다.

또한 피암시성이 낮은 내담자는 일정 시간 동안 피암시성을 높이는 훈련을 진행할 필요도 있다. 최면 피암시성 검사방법은 최면유도기법이기도 하다.

최면 피암시성을 살펴보는 방법에는 펜듈럼 검사법, 손개폐법, 신체후도법, 폐안법이 주로 사용된다. 최면유도기법은 아니지만 사시검사법도 간단한 피암시성 검사법으로 사용된다.

피암시성이 높은 내담자는 상상력과 집중력이 좋고, 수용적이며 의존성이 높다. 또한 감성이 풍부하여 감정표현이 좋고, 지능이 높으며 이해력이 좋은 경향이 있다. 성별로는 남자보다 여자가, 그리고 나이가 어릴수록 피암시성이 높다. 반대로 지능이 낮거나 이해력, 집중력이 떨어지고, 정서가 불안하고 논리적이며 경쟁심이 강할수록 피암시성이 낮은 경향이 있다.

1. 펜듈럼 검사법

  펜듈럼(pendulum, 振子, 흔들이 추)은 시중에서 쉽게 구입할 수 있는 것으로 준비한다. 펜듈럼 검사법의 원리는 사회학습이론의 모방학습을 설명할 때 사용하는 관념운동이론(觀念運動理論, ideomotor theory)을 증명하는 대표적인 방법이다.
  관념운동이란 관념 그 자체는 동작의 동기가 된다. 모든 관념은 동작으로 표출되며, 다른 개체의 동작에서 얻어진 관념도 같은 경우에 해당되어 동작으로 표출된다.
  따라서 최면은 관념에 반응하도록 암시를 부여하는 기법이라고 말하기도 한다. 즉 최면암시는 기존의 선행경험으로 형성된 관념을 자극하여 기대하는 심신반응을 촉진하는 기법이다.
  이러한 최면원리에 따라 최면암시를 통해 새로운 관념을 형성하면 기대하는 심신반응을 일으키도록 촉진한다. 나아가 최면암시에 의해 잠재의식 또는 무의식에 새롭게 형성된 관념이 일상적 생활 속에서 무의식적 동작 또는 반응을 일으키는 성과를 기대할 수 있다.

이는 잠재의식의 특성이기도 해서 일정한 암시와 관념에 의해 생각, 상상, 감정, 느낌이 형성되면 동작, 태도, 행동, 신경 및 생리적 반응, 불수의적 반응이 일어난다. 이러한 반응을 관념운동반응(ideomotor response)라고 부른다.

펜듈럼 검사법의 체험은 최면암시의 유용성과 효과가 어떤 원리에 의해 발생하는지 이해하기 좋은 기회가 될 것이다.

펜듈럼은 대체로 구슬, 수정, 옥, 금속 등의 소재로 만들고 있는데, 추의 길이는 1~3㎝, 직경은 1㎝ 미만, 줄의 길이는 20㎝ 정도로 제작된 것을 사용하는 것이 좋다.

검사방법은 내담자를 탁자와 의자가 준비된 곳으로 안내한 후에 주로 사용하는 손의 엄지와 검지로 펜듈럼 줄의 위쪽을 가볍게 잡게 한다. 팔꿈치는 탁자에 고정시키고 손목을 힘의 힘을 빼게 하여 탁자 쪽으로 숙이게 하여 펜듈럼이 탁자 위에 늘어뜨려지게 한다.

이때 몸의 긴장을 풀고 어깨, 팔꿈치, 손목의 힘도 풀어 주는 것이 좋다.

검사진행 순서는 첫째, 최면상담사가 펜듈럼 검사 방법을 시범을 보여서 내담자가 볼 수 있도록 한다. 이를 통해 내담자가 어떤 방식으로 반응하는지를 사전에 학습하게 되는 효과가 있다.

둘째, 내담자에게 펜듈럼을 주의 집중하여 바라보게 한다.

셋째, 사전암시로 "펜듈럼을 가볍게 잡고 제가 부여하는 최면암시를 잘 들으십시오. 그러면 펜듈럼이 저절로 움직이게 됩니다."라고 암시한다. 사전암시는 "펜듈럼이 좌우로 흔들립니다. 흔들립니다.", "펜듈럼이 상하로 흔들립니다. 흔들립니다.", "펜듈럼이 빙글빙글 회전합니다. 회전합니다."와 같이 어떤 한 방향을 정하여 반복한다.

넷째, 펜듈럼이 흔들리기 시작하면 점점 더 잘 움직인다는 암시를 추가하여 그 움직임이 더 커질 수 있도록 한다. 펜듈럼 검사법에 의해 내담자가 잡고 있는 펜듈럼이 암시에 잘 반응하면 피암시성이 높은 것으로 평가할 수 있다.

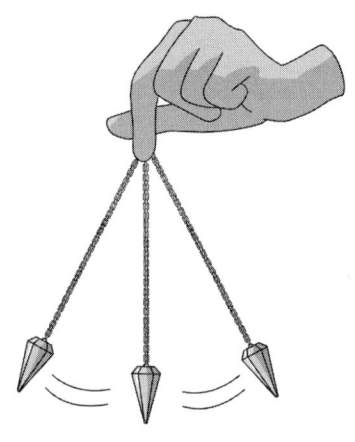

그림 35. 펜듈럼 검사

2. 폐안법

폐안법(閉眼法)은 고정응시법의 대표적인 최면유도기법으로 최면유도 초기에 많이 적용하는 기법이다. 폐안법의 궁극적 목표는 시신경을 피로하게 하여 눈을 감게 만드는 것이다.

폐안법의 진행은 다음과 같다.

첫째, 내담자를 편안한 의자에 앉게 하고 가볍게 이완하도록 한다.
둘째, 턱을 고정하는 자세를 유지하게 한 후에 눈앞 50㎝ 정도에 펜듈럼, 반짝이는 구슬, 라이터의 불꽃 등을 보게 한다.

셋째, 조금씩 응시의 각도를 위쪽을 향하도록 응시 도구를 위로 끌어 올려서 눈동자가 최대한 위를 향하여 고정되게 한다.

넷째, 최면암시를 부여한다. "눈이 피곤해집니다. 피곤해집니다.", "눈꺼풀이 무거워집니다. 무거워집니다.", "눈이 깜박입니다. 눈이 깜박입니다."와 같은 암시를 반복하여 상태를 강화한다.

최종적으로 내담자가 눈을 감게 될 때까지의 시간을 측정하여 빠른 시간 내에 눈을 감게 되면 최면 피암시성이 높은 것으로 평가한다.

그림 36. 폐안법

3. 손개폐법

손개폐법은 인체에 흐르는 미세한 전기 또는 자기장을 집중시켜 자석의 플러스, 마이너스 극의 자기가 작용하도록 유도하는 방법이다. 이는 전통적인 최면유도기법인데, 마인드컨트롤에서는 자석 손 만들기로 활용되었고, 일부 기(氣) 수련단체에서는 기체험법(氣體驗法)으로 사용되고 있다.

최면은 신통력도 아니고 입산수도해서 터득하는 도술(道術)도 아닌 의학과 심리학 영역의 치료방법이라는 점을 다시 한번 밝힌다. 최면의 원리나 유도법을 여러 영역에서 왜곡해 이용하는 사례가 있지만 대체로 최면은 전문 분야에 적용하여 높은 성과를 거두고 있다.

손개폐법은 인체에 흐르는 미세전류, 자기장을 의식을 집중하여 손바닥에 모아서 자석을 맞대었을 때처럼 서로 당기고 밀어내는 현상을 활용하는 것이다.

여기에서 경험되는 자기장의 느낌은 일명 오로라(aurora), 기(氣), 레이키(reiki, 靈氣) 등으로 불리는 에너지가 무생물, 생물에 깃들어 있는 것을 의식을 집중함으로써 강하게 경험할 수 있다.

손개폐법의 진행 과정은 다음과 같다.

첫째, 내담자가 편안한 의자에 앉게 한 후에 신체를 이완하게 한다.

둘째, 눈을 감게 한 후 양쪽 손바닥을 가슴 앞에서 마주 보게 한다. 이때 어깨, 팔꿈치, 손목, 손가락의 힘을 최대한 빼도록 한다.

셋째, 의식을 손바닥이 마주한 곳에 집중하도록 한다.

넷째, 최면암시를 부여한다. "양손이 서로 멀어집니다. 멀어집니다.", "양손이 서로 밀어냅니다. 밀어냅니다.", 손이 멀어지면, "양손이 점점 가까이 붙습니다. 가까이 붙습니다."와 같은 암시를 반복하여 상태를 강화한다. 이러한 최면암시를 부여했을 때 내담자의 반응이 빠르게 나타나면 최면 피암시성이 높은 것으로 평가한다.

그림 37. 손개폐법

4. 신체후도법

신체후도법(身體後導法)은 최면암시를 통해 내담자의 신체가 움직이도록 유도하는 방법이다. 신체후도법은 내담자가 눈을 감고 차려 자세로 서 있는 상태에서 최면암시를 부여함으로써 신체가 뒤로 흔들리거나 넘어지게 유도하는 것이다.

신체후도법은 전통적인 최면기법인데, 미국의 기독교 부흥강사들에 의해 성령체험의 수단으로 사용되는 사례가 매우 많다. 이러한 미국 기독교계의 성령체험 방식은 한국으로 전수되어 일부 교단에서 성령체험 방식으로 활용되고 있다.

걱정스러운 점은 신체후도법을 귀신 쫓아내는 축사사역의 핵심적인 수단으로 사용하고 있다는 점이다.

신체후도법은 예수님이 병 치료를 위해 귀신 쫓는 축사사역에 사용한 방법도 아니고, 목사님이나 어떤 도사님의 신비한 능력도 아닌 전통적인 최면기법이다.

이러한 왜곡으로 인해 최면이 사이비종교 중 하나라는 웃을 수 없는 오해가 있는데, 이는 어떤 기독교 교단에서 예수님도 사용하지 않은 최면기법을 왜곡해서 사용함으로써 그 교단이 사이비종교라는 오명을 받고 있다는 점을 생각해 보아야 한다.

어떤 전문 분야이든 정직한 학문적 교류와 연구를 통해 각 영역의 효율성을 높이는 것은 중요하다. 그러나 더 중요한 것은 각 전문영역의 정체성, 정통성을 지키며 학문적 성과를 도입하는 것이 필요하다는 점이다.

신체후도법의 진행은 다음과 같다.

첫째, 내담자가 벽을 보고 차려 자세로 서게 한다.

둘째, 신체의 힘을 모두 빼고 눈을 감게 한다.

셋째, 최면상담사는 내담자의 뒤쪽에서 최면암시를 부여한다. "몸이 앞뒤로 흔들립니다. 흔들립니다.", "몸이 점점 더 흔들립니다. 흔들립니다."를 반복하며 상태를 강화시킨다. 이때 주의할 것은 내담자가 몸이 흔들리다가 뒤로 넘어질까 봐 긴장하여 움직이지 않고 버틸 수 있다는 점이다. 따라서 사전에 "뒤로 넘어지려고 하면 제가 등을 받쳐 드리겠습니다. 안심하세요."라고 암시를 부여하는 것이 좋다. 내담자의 몸이 최면암시에 반응하여 빠른 시간 내에 흔들리거나 뒤로 넘어지면 최면피암시성이 높은 것으로 평가한다.

그림 38. 신체후도법

5. 사시검사법

사시검사법(斜視檢査法)은 눈동자를 최대한 위쪽으로 치켜뜨게 하여 눈이 가운데로 모아지게 하는 방법이다. 눈을 최대한 가운데로 모이는 정도와 흰자위의 영역이 많이 노출된 것을 기준으로 최면 피암시성이 높다고 평가하는 방식이다.

사시검사법의 진행방법은 다음과 같다.

첫째, 내담자를 편안한 의자에 앉아 긴장을 풀게 한다.

둘째, 폐안법에서 사용한 펜듈럼과 같은 도구를 응시하게 하며 점점 위쪽으로 초점을 이동시켜 최대한 위로 눈을 치켜뜨게 한다.

셋째, 눈동자가 가운데로 집중되는 속도가 빠른지, 흰자위가 많이 노출되는지를 관찰한다.

눈동자가 빠르게 가운데로 집중되거나 흰자위가 많이 노출되는 내담자는 최면 피암시성이 높은 것으로 평가한다.

주의할 점은 폐안법 유도와 사시검사법에서 눈이 큰 내담자라고 해서 기대하는 반응이 나타나는 것만은 아니라는 점이다. 내담자의 심리적 고통, 스트레스 강도가 높은 경우에는 눈이 아무리 커도 눈 밑의 애굣살이 따라붙는 경우를 관찰할 수 있다.

내담자와 최면상담사 간에 신뢰관계가 아직 충분히 형성되지 않아서 긴장하고 있는 경우에도 반응이 더딜 수 있기 때문에 더욱더 편안하고 친절하게 유도할 필요가 있다.

그림 39. 사시 검사법

제2장 | 최면유도기법

우리는 모두 긍정적이든 부정적이든 최면에 걸려 나도 모르게 많은 부분을 무의식적으로 살고 있다. 이러한 현상은 운전을 생각해 보면 쉽게 알 수 있다. 즉 처음 운전을 배울 때는 의식적으로 운전을 통제하지만 초보 운전을 벗어나면 나도 모르게, 무의식적으로, 반사적으로, 습관적으로 익숙하게 운전하고 있음을 알게 된다. 그러나 우리는 이러한 인간의 의식과 무의식 영역의 특성이 인생 전반에 끼치는 영향을 자각하지 못하고 있다. 만약 운전을 처음부터 난폭하게, 교통법규를 위반하며 배웠다면 나도 모르게, 자동적으로, 습관적으로 교통사고를 일으키며 개인의 삶과 우리 사회에 심각한 문제를 일으키는 것이 분명하다.

역설적으로 최면을 공부한다는 것은 잘못된 최면에서 깨어나는 방법을 통해 심신건강 회복과 우리의 삶을 더 좋은 방향으로 개선하기 위함이다. 따라서 최면상담이란 부정적인 최면에 걸린 사람을 깨어나게 하여 긍정적이고 건강한 심신상태로 회복하도록 돕는 과정이라고 말할 수 있다. 또한 최면상담은 긍정적 자원을 보다 더 효율적으로 강화하여 성공과 행복을 획득하도록 조력한다.

최면유도기법은 무의식 또는 잠재의식에 저장된 정보를 가장 효과적으로 처리하는 정보처리기법이라고도 말할 수 있는데, 이를 최면술, 최면기법, 최면유도법이라고 부른다.

최면을 거는 방법인 최면유도기법은 어떤 도사님의 신통력도 아니고 선천적으로 타고난 초능력도 아니다.

앞서 설명한 바와 같이 최면은 최면에 관한 이론을 학습한 후 과학적 검증을 거친 최면유도기법을 훈련하면 누구나 해당 분야에서 활용하여 좋은 성과를 거둘 수 있다.

최면유도기법 편에서는 최면을 유도하는 주요 최면기법을 임상장면에서 실제로 적용할 수 있도록 상술하겠다.

1. 폐안법

폐안법(閉眼法)은 고정응시법의 대표적인 최면유도기법으로 최면유도 초기에 많이 활용하는 기법이다. 폐안법의 궁극적 목표는 시신경을 피로하게 하여 눈을 감게 만드는 것이다.

시신경의 피로감의 극단적인 증가는 눈의 피로감에 대한 관념이 반응하게 하는 것이 핵심이다. 즉 '눈이 피곤하다'라는 인식은 곧 '눈을 감고 쉬어야 한다' 또는 '눈을 감고 잠을 자야 한다'와 같은 관념이 반응하게 하여 심신의 상태에 변화가 유도된다.

폐안법의 진행은 다음과 같다.

첫째, 내담자를 편안한 의자에 앉게 하고 가볍게 이완하도록 한다.

둘째, 턱을 고정하는 자세를 유지하게 한 후에 눈앞 50㎝ 정도의 거리에서 펜듈럼, 반짝이는 구슬, 라이터 불 등을 보게 한다.

셋째, 조금씩 응시의 각도를 위쪽을 향하도록 응시 도구를 위로 끌어

올려서 눈동자가 최대한 위를 향하여 고정되게 한다.

넷째, 최면암시를 부여한다. "눈이 피곤해집니다. 피곤해집니다.", "눈꺼풀이 무거워집니다. 무거워집니다."와 같은 암시를 반복하여 시신경에 발생된 피로감을 더욱 강화한다.

<폐안법 최면유도문>

내담자가 안락의자 또는 일반 의자에 편안하게 앉아서 턱을 목 쪽으로 고정하도록 지시한다. 내담자의 눈 앞 약 50㎝ 정도의 거리를 두고 수정구, 펜듈럼, 반짝이는 구슬과 같은 물체를 응시하도록 지시한다. 그렇게 자세를 잡고 최면암시를 부여한다.

자, 이제 편안하게 제 말에 주의를 집중합니다.
편안하게 제 말을 들을 때마다 마치 지금 그렇게 된다고 생각합니다.
먼저, 숨이 들어오고 나가는 느낌에 집중합니다.
숨이 천천히 몸 안으로 빨려 들어오고 천천히 나갑니다.
숨이 천천히 빨려 들어오고 천천히 나갑니다.
그렇게 천천히 들이마시고 내쉬는 것을 다섯 번 진행합니다.
숨이 들어올 때마다 우주와 자연의 가장 좋은 느낌들이 내 안으로 쭈욱 빨려 들어오고, 숨을 내쉴 때마다 내 안의 스트레스들이 쭈욱 빠져나간다고 생각합니다.
자, 이제 앞의 구슬을 바라보십시오.
구슬의 반짝이는 빛을 집중해서 바라봅니다.

천천히 구슬을 따라 시선을 최대한 위쪽으로 이동합니다.
구슬이 잘 보이시나요?
구슬이 잘 보이면 그 위치에서 계속 바라봅니다.
눈꺼풀이 무거워집니다. 눈꺼풀이 무거워집니다. 무거워집니다.
눈꺼풀이 무거워집니다. 점점 더 무거워집니다. 무거워집니다.
눈이 깜박입니다. 눈을 뜨고 있기 힘듭니다. 눈을 뜨고 있기 힘듭니다.
자, 이제 눈을 천천히 감고 제 목소리에 집중합니다.

폐안법은 내담자의 시신경을 최대한 피로하게 하여 최종적으로 시신경을 일시적으로 마비시키는 수준까지 진행한다. 전통 최면에서는 눈을 최대한 피로하게 한 후에 눈을 감기고 '눈이 딱 달라붙는다'는 암시를 강하게 하여 최면에 들어갔음을 증명하는 경우가 있다.

그러나 이러한 시도는 최면 피암시성이 낮은 내담자에게서 종종 실패하는 경우가 있다. 따라서 어느 정도 피로감이 심화되어 눈물이 고이고, 충혈이 되면서 눈을 깜박일 때를 기준으로 눈을 감으라고 지시하여 다음 단계로 넘어가는 것이 더 안정적인 유도방법이다. 피암시성이 높은 내담자는 짧은 시간 내에 스스로 눈을 감게 된다.

그림 40. 폐안법

2. 최면휠 응시법

　최면휠 응시법은 고정응시법의 하나로서 최면휠(hypno wheel) 또는 최면디스크(hypno disc)와 같은 회전판을 계속 바라보게 함으로써 최면을 유도한다.

　과거에는 전자장비가 발달하지 않아서 LP 음반에 그림을 그려서 사용했지만 최근에는 유튜브와 같은 매체에 다양한 영상이 있으므로 활용하면 좋다.

　최면휠 응시법도 고정응시법과 마찬가지로 시신경을 피로하게 해서 최면을 유도하는 방법이다. 앞서 설명한 바와 같이 최면암시는 관념이 반응하도록 촉진하는 방법이다.

　고정응시법은 시신경을 피로하게 해서 극단적인 단계에는 시신경을 마비시켜 최면상태를 유도하는 방법이다. 그렇다면 고정응시법은 어떤 관념을 자극하여 최면을 유도하게 될까?

　고정응시법은 시신경이 극단적으로 피로해지게 만드는데, 이는 사람이 눈이 피로해지면 눈을 깜박이거나 눈을 감고 휴식하다가 잠에 빠지는 관념을 자극하는 방법이다.

　시신경은 뇌에 직접 연결되어 있고, 눈이 피곤하다는 신호는 휴식하거나 잠을 자야 된다는 관념을 자극하여 뇌파가 가수면상태로 떨어지게 된다.

　고전적 최면유도법에서는 실제로 고정응시법을 사용하면서 '잠이 온다. 잠이 온다.'라는 암시를 직접 사용했다. 그러나 이런 고전적 최면암시는 실제로 내담자가 잠에 빠져들게 되면서 그 후에 이어지는 심리상담 및 심리치료에 방해가 되어 최근에는 사용하지 않는다.

잠에 빠져들게 만드는 것이 목적이 아니기 때문이다.

최면휠 응시법의 진행은 다음과 같다.

첫째, 내담자를 편안한 의자에 앉게 하고 가볍게 이완하도록 한다.

둘째, 턱을 고정하는 자세를 유지하게 한 후에 눈앞 50㎝ 정도에 있는 최면휠을 보게 한다. 스마트폰 또는 작은 컴퓨터 모니터를 활용한다.

셋째, 조금씩 응시의 각도를 위쪽을 향하도록 응시도구를 위로 끌어올려서 눈동자가 최대한 위를 향하여 고정되게 한다.

넷째, 최면암시를 부여한다. "눈이 피곤해집니다. 피곤해집니다.", "눈꺼풀이 무거워집니다. 무거워집니다."와 같은 암시를 반복하여 상태를 강화한다.

그림 41. 최면휠 응시법

<최면휠 응시법 최면유도문>

최면휠 응시법은 폐안법의 과정과 매우 유사하다. 먼저, 내담자가 안락의자 또는 일반 의자에 편안하게 앉아서 턱을 목 쪽으로 고정하도록 지시한다. 내담자의 눈앞 약 50㎝ 정도의 거리를 두고 최면휠을 응시하도록 지시한다. 그렇게 자세를 잡고 최면암시를 부여한다.

자, 이제 편안하게 제 말에 주의를 집중합니다.
편안하게 제 말을 들을 때마다 지금 그렇게 된다고 생각합니다.
먼저, 숨이 들어오고 나가는 느낌에 집중합니다.
숨이 천천히 몸 안으로 빨려 들어오고 천천히 나갑니다.
숨이 천천히 빨려 들어오고 천천히 나갑니다.
그렇게 천천히 들이마시고 내쉬는 것을 다섯 번 해 줍니다.
숨이 들어올 때마다 우주와 자연의 가장 좋은 느낌들이 내 안으로 쭈욱 빨려 들어오고, 숨을 내쉴 때마다 내 안의 스트레스들이 쭈욱 빠져나간다고 생각합니다.
자, 이제 앞의 최면휠 화면을 바라보십시오.
최면휠의 가운데를 집중해서 바라봅니다.
천천히 최면휠 화면을 따라 시선을 최대한 위쪽으로 이동합니다.
최면휠 화면이 잘 보이시나요?
최면휠이 잘 보이면 그 위치에서 계속 바라봅니다.
의식을 집중해서 최면휠의 가운데를 바라봅니다.
점점 빨려 들어갑니다. 점점 더 깊이 빨려 들어갑니다.

내 몸도 마음도 더 깊이 빨려 들어갑니다. 더 깊이 빨려 들어갑니다.
이제 눈꺼풀이 무거워집니다. 눈꺼풀이 무거워집니다. 무거워집니다.
눈꺼풀이 무거워집니다. 점점 더 무거워집니다. 무거워집니다.
눈이 깜박입니다. 눈을 뜨고 있기 힘듭니다. 눈을 뜨고 있기 힘듭니다.
자, 이제 눈을 천천히 감고 제 목소리에 집중합니다.

최면휠 응시법도 폐안법과 마찬가지로 내담자의 시신경을 최대한 피로하게 하여 최종적으로 시신경을 일시 마비시키는 수준까지 진행한다. 내담자의 눈을 잘 관찰해서 어느 정도 피로감이 심화되어 눈물이 고이고, 충혈되면서 눈을 깜박일 때를 기준으로 눈을 감으라고 지시한다. 피암시성이 높은 내담자는 짧은 시간 내에 스스로 눈을 감게 된다. 눈을 감은 후에는 다음 단계의 최면유도로 넘어간다.

3. 손개폐법

손개폐법은 인체에 흐르는 미세한 전기 또는 자기장을 집중시켜 마치 자석처럼 플러스, 마이너스 극의 자기가 작용하도록 유도하는 방법이다. 또 다른 방법으로는 양손 사이에 풍선이 들어 있다고 상상하게 한 후 풍선이 부푼다는 암시와 바람이 빠진다는 암시를 부여하는 방식이다.

이러한 최면유도법은 관념운동을 이용한 것이다. 관념운동이란 우리가 살아오면서 형성된 경험과 기억으로 형성된 관념이 지금 반응하도록 촉진하는 것이다. 즉 자석이나 풍선을 가지고 놀아 보았던 경험이 만든 관념을 자극하는 것이다.

　사람들이 가지고 있는 자석에 대한 관념은 같은 극끼리 밀어내고 다른 극끼리 잡아당겨서 붙는다는 것이다. 또한 풍선에 대한 관념은 바람을 불어 넣으면 부풀고 바람을 빼면 작아진다는 것이다.

　손개폐법은 내담자가 경험하거나 기억하고 있을 만한 관념을 활용하여 관념연합이 일어날 수 있도록 암시를 하는 방법이다.

　최면은 기존에 형성된 관념이 반응을 일으키도록 촉진하는 것이라는 점에서 일상에서 경험하고 기억된 정보를 활용할 때 최면상태에 쉽게 도달한다.

　최면은 내담자의 개인적 경험과 정보를 활용하여 관념을 연합 또는 분리시키는 것을 얼마나 잘하느냐가 성패를 결정한다는 주장도 있다. 여기서는 풍선에 대한 관념을 활용하여 설명하겠다.

　진행 과정은 다음과 같다.

　첫째, 내담자가 편안한 의자에 앉게 한 후에 신체를 이완하게 한다.

　둘째, 양쪽 손바닥을 가슴 앞에서 마주 보게 한다. 이때 어깨, 팔꿈치, 손목, 손가락의 힘을 최대한 빼도록 한다.

　셋째, 눈을 감게 한 후 의식을 손바닥이 마주한 곳에 집중하도록 한다.

　넷째, 최면암시를 부여한다. "양손 사이에 풍선이 있다고 상상합니다. 풍선에 바람이 들어갑니다. 점점 부풀어 커집니다. 점점 부풀어 커집니다. 양손이 서로 멀어집니다. 멀어집니다.", "양손이 점점 멀어집니다. 멀어집니다."

　손이 멀어지면, "풍선에 바람이 빠집니다. 점점 더 많이 빠집니다. 양손이 점점 가까이 붙습니다. 가까이 붙습니다."와 같은 암시를 반복하여 상태를 강화한다.

그림 42. 손개폐법

<손개폐법 최면유도문>

내담자가 안락의자 또는 일반 의자에 편안하게 앉아서 어깨, 팔꿈치, 손목, 손가락의 힘을 충분히 이완하도록 가벼운 운동을 시킨다. 양손을 가슴 앞에 합장하게 한 후 눈을 감게 한다.

자, 이제 편안하게 제 말에 주의를 집중해 줍니다.
편안하게 제 말을 들을 때마다 지금 그렇게 된다고 생각합니다.
먼저, 숨이 들어오고 나가는 느낌에 집중합니다.
숨이 천천히 몸 안으로 빨려 들어오고 천천히 나갑니다.
숨이 천천히 빨려 들어오고 천천히 나갑니다.

그렇게 천천히 들이마시고 내쉬는 것을 다섯 번 해 줍니다.

숨이 들어올 때마다 우주와 자연의 가장 좋은 느낌들이 내 안으로 쭈욱 빨려 들어오고, 숨을 내쉴 때마다 내 안의 스트레스들이 쭈욱 빠져나간다고 생각합니다.

자, 이제 양손 사이에 ○○님이 좋아하는 색깔의 풍선이 있다고 상상합니다.

그 풍선에 바람을 불어 넣고 있다고 상상합니다.

양손으로 풍선의 표면을 느껴 보십시오.

부드러운 풍선의 표면을 느껴 보십시오.

바람을 한 번씩 불어 넣을 때마다 풍선은 점점 부풀어집니다.

풍선이 점점 커집니다. 풍선이 점점 커집니다. 점점 커집니다.

풍선이 점점 커질 때마다 양손이 점점 옆으로 밀려납니다.

양손이 점점 옆으로 밀려납니다. 점점 옆으로 밀려납니다.

자, 이제 풍선의 바람이 빠져나갑니다. 풍선의 바람이 빠져나갑니다.

풍선의 바람이 점점 빠져나갑니다. 점점 빠져나갑니다.

풍선이 점점 작아집니다. 풍선이 점점 작아집니다.

풍선이 바람이 빠져나갈 때마다 양손이 점점 가까워집니다.

양손이 점점 가까워집니다. 양손이 점점 가까워집니다.

이제 풍선의 바람이 완전히 빠졌습니다. 풍선의 바람이 완전히 빠졌습니다.

양손이 가까이 붙어 있습니다. 양손이 가까이 붙어 있습니다.

이제 양손의 힘이 빠지고 천천히 무릎 위로 내려갑니다.

양 손의 힘이 빠지고 천천히 무릎 위로 내려갑니다.

손개폐법은 관념운동을 활용한 유도법이기 때문에 내담자가 상상력을 통해 자석 또는 풍선을 상상하고 느끼는 감수성이 좋아야 한다.

내담자가 상상력이 좋지 않고 지나치게 논리적인 경우에는 최면암시 전에 연습을 하는 것도 좋다.

왜냐하면 관념연합이 잘 되려면 경험을 통한 관념형성이 선행되어야 하기 때문이다. 즉 연습을 통해 관념을 형성한 후에 관념에 반응하도록 촉진해도 최면유도가 가능하다는 의미이다. 만약 지금 사용하는 기법의 반응이 좋지 않으면 다른 최면유도기법을 사용하면 된다.

4. 신체후도법

신체후도법(身體後導法)은 최면암시를 통해 내담자의 신체가 뒤편으로 움직이도록 유도하는 방법이다. 신체후도법은 내담자가 눈을 감고 차렷 자세로 서 있는 상태에서 최면암시를 부여함으로써 신체가 뒤로 흔들리거나 넘어지게 유도한다.

신체후도법의 진행순서는 다음과 같다.
첫째, 내담자가 벽을 보고 차렷 자세로 서게 한다.
둘째, 신체의 힘을 모두 빼고 눈을 감게 한다.
셋째, 최면상담사는 내담자의 뒤쪽에서 최면암시를 부여한다. "몸이 앞뒤로 흔들립니다. 흔들립니다.", "몸이 점점 더 흔들립니다. 흔들립니다."를 반복하며 상태를 강화시킨다.
넷째, 내담자에게 "이제 제가 하나에서 셋을 세면 셋에서 뒤로 넘어집니다. 넘어지려고 하면 제가 뒤에서 안전하게 받쳐 드릴 것입니다."
라는 암시를 한다.

이때 주의할 것은 내담자가 몸이 흔들리다가 뒤로 넘어질까 봐 긴장하여 움직이지 않고 버틸 수 있다는 점이다. 따라서 사전에 "뒤로 넘어지려고 하면 제가 등을 받쳐 드리겠습니다. 안심하세요."라고 암시를 부여하는 것이 좋다.

긴장과 불안감을 보이는 내담자를 위해서 안심할 수 있도록 사전에 연습을 함께 하는 것도 좋다. 특히, 신체후도법이 성공적으로 진행되기 위해서는 몸의 자세가 중요하기 때문에 최면상담사와 내담자가 함께 연습함으로써 내담자가 익숙한 자세를 취하도록 한다.

그림 43. 신체후도법

<신체후도법 최면유도문>

　내담자가 벽 쪽을 보고 서게 한 후 양 발을 모으고 차려 자세를 취하게 한다. 내담자 뒤편에는 신체후도법 후에 앉을 수 있는 안락의자 또는 의자를 준비해야 한다.
　내담자도 사전 연습을 할 때 뒤편에 있는 의자에 앉게 된다는 점을 인식해야 된다. 양손은 양 허벅지 측면의 재봉선 옆에 힘을 빼고 가볍게 닿게 한다. 이때 어깨, 팔꿈치, 손목, 손가락이 긴장되어 힘이 들어가지 않도록 살펴보고 힘을 빼고 이완하도록 지도한다.
　턱을 살짝 들어 주는 자세에서 눈을 감게 한다. 완성된 자세는 양발을 붙이고 양손은 재봉선에 붙인 후 턱을 살짝 들어 올린 자세이다. 이 자세를 취한 후 최면암시를 시작한다.

　자, 이제 편안하게 제 말에 주의를 집중합니다.
　편안하게 제 말을 들을 때마다 지금 그렇게 된다고 생각합니다.
　먼저, 숨이 들어오고 나아가는 느낌에 집중합니다.
　숨이 천천히 몸 안으로 빨려 들어오고 천천히 나갑니다.
　숨이 천천히 빨려 들어오고 천천히 나갑니다.
　그렇게 천천히 들이마시고 내쉬는 것을 다섯 번 합니다.
　숨이 들어올 때마다 우주와 자연의 가장 좋은 느낌들이 내 안으로 쭈욱 빨려 들어오고, 숨을 내쉴 때마다 내 안의 스트레스들이 쭈욱 빠져나간다고 생각합니다.

자, 이제 몸이 흔들립니다. 몸이 흔들립니다.
점점 더 흔들립니다. 점점 더 흔들립니다.
이제 제가 하나에서 셋을 세면 몸이 뒤로 넘어집니다.
뒤로 넘어지려고 하면 제가 뒤에서 받쳐 드릴 것입니다. 안심하세요.
자, 하나, 둘, 셋. 뒤로 넘어집니다.

뒤로 넘어질 때 최면상담사는 내담자의 어깨와 등을 안전하게 받쳐서 뒤편에 준비한 안락의자 또는 의자에 내담자가 앉을 수 있도록 유도한다. 내담자가 의자에 앉은 후에는 다음 단계의 최면유도를 시작한다.

5. 손 하강법

손 하강법(下降法)은 관념운동을 활용하여 수평으로 뻗은 양팔 또는 한쪽 팔이 점점 아래로 내려가게 하는 방법이다. 관념연합을 활용하기 위해서는 양팔 또는 한쪽 팔에 무거운 돌, 쇳덩이, 책가방이 달려 있다고 상상하게 한다.

사람은 누구나 무거운 짐 또는 물건을 들어 본 경험이 있기에 손 하강법은 이런 관념이 반응을 일으키도록 촉진한다.

진행 과정은 다음과 같다.

첫째, 내담자를 의자에 앉게 한 후 양팔을 수평으로 뻗게 한다. 이때 손바닥은 아래쪽을 향하고 어깨, 팔꿈치, 손목, 손가락의 힘을 빼서 이완하게 한다.

둘째, 눈을 감고 매우 무거운 물건이 양팔에 매달려 있다고 상상하게 한다. 이때 내담자가 무거운 물건을 들어 본 경험을 질문해서 그 경험을 활용하는 것이 좋다.

셋째, 최면암시를 부여하여 양팔이 무거워서 점점 아래로 내려간다고 암시한다. "양팔이 무겁습니다. 양팔이 무겁습니다. 점점 더 무겁습니다. 점점 더 무겁습니다. 점점 더 무거워서 양 무릎 위로 내려갑니다. 양 무릎 위로 내려갑니다."

넷째, 양팔이 무릎 위로 내려가면 암시를 멈추고 다음 단계의 최면암시를 부여한다.

그림 44. 손 하강법

<손 하강법 최면유도문>

내담자를 안락의자 또는 의자에 편안하게 앉게 한다. 몸에 힘을 충분히 빼게 한 후 양팔을 뻗어서 수평이 되게 한다. 손바닥은 아래쪽을 향하게 한다. 기본적인 자세를 취하게 한 후에는 눈을 감도록 한다. 최면유도 전에 내담자가 가장 무겁게 들었던 물건이 무엇인지 질문해서 그 경험을 최면유도에 활용한다.

자, 이제 편안하게 제 말에 주의를 집중합니다.
편안하게 제 말을 들을 때마다 지금 그렇게 된다고 생각합니다.
먼저, 숨이 들어오고 나아가는 느낌에 집중합니다.
숨이 천천히 몸 안으로 빨려 들어오고 천천히 나갑니다.
숨이 천천히 빨려 들어오고 천천히 나갑니다.
그렇게 천천히 들이마시고 내쉬는 것을 다섯 번 합니다.
숨이 들어올 때마다 우주와 자연의 가장 좋은 느낌들이 내 안으로 쭈욱 빨려 들어오고, 숨을 내쉴 때마다 내 안의 스트레스들이 쭈욱 빠져나간다고 생각합니다.
자, 이제 양팔에 의식을 집중합니다.
양팔에는 ○○님이 과거에 들어 보았던 책가방이 매달려 있습니다.
매우 무겁습니다. 매우 무겁습니다.
양팔이 무겁습니다. 양팔이 무겁습니다.
양팔이 점점 더 무겁습니다. 양팔이 점점 더 무겁습니다.
양팔이 점점 무릎 위로 내려갑니다. 양팔이 점점 무릎 위로 내려갑니다.
양팔이 점점 더 내려갑니다. 점점 더 내려갑니다.

양팔이 무릎 위에 내려왔습니다.

이제, 편안하게 깊이 휴식을 시작합니다. 편안해집니다. 편안해집니다.

양팔이 무릎 위에 도달하면 다른 최면암시를 부여한다.

주의할 점은 내담자의 팔이 움직이는 것을 관찰하면서 최면암시를 부여해야 한다는 점이다. 내담자의 움직임과 상관없이 일방적인 암시를 부여하면 신뢰를 잃거나 저항이 발생할 수 있다.

6. 메트로놈 활용법

메트로놈은 악기의 박자를 조율할 때 사용하는 도구이다. 메트로놈을 활용한 최면유도법은 메트로놈의 단순히 반복되는 박자음인 '똑딱 똑딱' 소리를 최면유도에 활용한다.

이때 메트로놈의 박자는 1분에 50박자로 조정해놓으면 좋다. 과거에는 전통적으로 최면유도에 메트로놈을 직접 사용했지만 현재는 유튜브에서 '메트로놈 50'으로 검색하면 메트로놈 이미지와 함께 약 30분간 박자음이 반복되는 영상을 활용할 수 있다.

고정응시법은 눈의 시신경을 피로하게 자극하는 방법이라면 메트로놈 활용법은 귀의 청각신경을 자극해서 최면을 유도하는 방법이다. 메트로놈 50박자음을 들어 보면 끊임없이 단순한 박자음이 반복되기 때문에 지루해지고 시간이 점점 흐름에 따라 졸음이 쏟아지는 것을 느낄 수 있다.

뇌는 단순한 것을 반복하고 지속할 때 피로해지고 휴식하려는 특성을 보인다. 우리는 일상생활에서도 단순한 작업을 반복하고 지속하면 지루해져서 피곤하고 졸음이 몰려오는 것을 경험할 수 있다.

이러한 경험은 또 하나의 청각적 관념을 형성하여 최면유도에서 그 청각적 관념을 자극하여 최면을 유도할 수 있는 것이다.

고전적 최면에서는 메트로놈 박자음을 내담자에게 들려주면서 "잠이 온다. 잠이 온다."와 같은 암시를 부여하여 잠에 빠져들게 유도하였다. 그러나 최면은 내담자가 잠에 빠지게 하는 것이 목적이 아니고 가수면상태 수준으로 뇌파를 떨어뜨려 의사소통이 가능한 수준으로 유도하는 것이 목적이다.

메트로놈 활용법의 진행은 다음과 같다.
첫째, 내담자를 편안한 의자에 앉게 하고 가볍게 이완하도록 한다.
둘째, 눈을 감고 편안하게 휴식하게 한다.
셋째, 메트로놈 50박자음을 들려준다.
넷째, 최면암시를 부여한다. "박자음을 편안하게 집중해서 듣습니다. 박자음을 들을 때마다 점점 편안해집니다.", "점점 편안해집니다. 편안해집니다."와 같은 암시를 반복하여 상태를 강화한다.

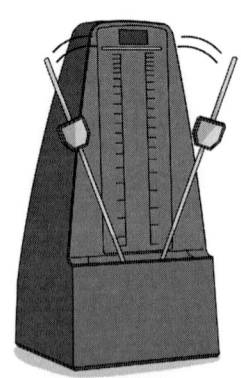

그림 45. 메트로놈

<메트로놈 활용법 최면유도문>

내담자가 안락의자에 편안하게 앉아서 몸을 최대한 이완하도록 지시한다. 편안하게 눈을 감고 오직 귀로 메트로놈 박자음에 집중하도록 유도한다. 기본적인 자세가 준비되면 다음의 최면암시를 부여한다.

자, 이제 편안하게 박자음을 들으면서 제 말에 주의를 집중합니다.
편안하게 제 말을 들을 때마다 지금 그렇게 된다고 생각합니다.
먼저, 숨이 들어오고 나가는 느낌에 집중합니다.
숨이 천천히 몸 안으로 빨려 들어오고 천천히 나갑니다.
숨이 천천히 빨려 들어오고 천천히 나갑니다.
그렇게 천천히 들이마시고 내쉬는 것을 다섯 번 합니다.
숨이 들어올 때마다 우주와 자연의 가장 좋은 느낌들이 내 안으로 쭈욱 빨려 들어오고, 숨을 내쉴 때마다 내 안의 스트레스들이 쭈욱 빠져나간다고 생각합니다.
자, 이제 양팔 양다리가 편안해집니다. 편안해집니다.
양팔 양다리가 편안해집니다. 편안해집니다.
마음이 점점 편안해집니다. 점점 편안해집니다.
양팔 양다리가 편안해집니다. 편안해집니다.
양팔 양다리가 편안해집니다. 편안해집니다.
마음이 점점 편안해집니다. 점점 편안해집니다.

이제 양팔 양다리가 매우 따뜻해집니다. 따뜻해집니다.
양팔 양다리가 매우 따뜻해집니다. 따뜻해집니다.

마음이 점점 편안해집니다. 편안해집니다.

양팔 양다리가 매우 따뜻해집니다. 따뜻해집니다.

양팔 양다리가 매우 따뜻해집니다. 따뜻해집니다.

마음이 점점 편안해집니다. 편안해집니다.

이제 편안한 느낌 속에서 몸도 마음도 깊이 휴식합니다.

내담자가 편안하게 이완되는 것을 살펴보면서 다음 단계의 최면유도로 넘어간다.

7. 심상법

심상법(心想法, imagery)은 인간의 상상력을 최면유도에 활용하는 방법이다. 즉 상상력을 활용하여 어떤 상징을 떠올려서 그 상징에 집중하도록 유도하여 최면상태로 이끄는 최면유도기법이다.

고정응시법이 내담자가 외부의 물체에 시선을 집중하게 하여 최면을 유도하는 반면에 심상법은 내부의 상징(심상)에 내적 시각, 마음의 눈, 주의를 집중하여 최면을 유도하는 기법이다.

심상법은 최면유도기법으로 활용될 뿐만 아니라, 최면상태에서 문제경험을 처리할 때도 심리상담 및 심리치료기법으로 활용되므로 매우 중요하다.

내담자의 심리적 고통을 처리할 때 문제경험을 외부로 드러내는 외현화 방식 또는 의식을 내부로 집중시키는 내현화 방식으로 심상을 처리할 것인가는 최면상담사 또는 심리상담사가 순발력 있게 판단해야 한다.

대체로 최면 피암시성이 높은 경우라면 심상법을 활용한 내현화 방식을 적용하여 문제경험을 처리하는 것이 효과적이다.

다만 주의할 것은 외현화나 내현화 방식을 적용할 때, 내담자의 고통스러운 경험이 갑자기 의식화, 표면화되어서 내담자가 충격을 받는 일이 없도록 주의를 기울여야 한다는 점이다.

심상법은 내담자가 가장 좋아하는 꽃, 장소, 경치 등을 사전에 질문하여 알아낸 후에 최면유도에 활용하는 것이 좋다. 심상법은 최면유도를 시작할 때부터 내담자가 눈을 감고 내면의 시각을 심리내면의 상징에 집중하도록 유도하기 때문에 시각, 청각, 촉각, 미각, 후각을 모두 활용하여 내적 경험이 충분히 이루어지도록 유도해야 한다.

내적 심상에 집중이 깊어질수록 최면상태는 더 깊어진다. 따라서 최면상담사는 내담자가 상징에 더 실감나게 집중하고 경험할 수 있도록 최선을 다해야 한다.

내담자가 내면의 상징에 집중하여 최면이 깊어지는 반응은 눈꺼풀 겉으로 눈동자가 이리저리 움직이는 것으로 판단한다.

이러한 현상은 내담자가 눈을 감고 있지만 시각의 주의가 심상을 주시하며 따라다니기 때문에 나타난다. 이는 꿈을 꾸는 사람이 꿈속의 상징들을 시각적으로 주시하며 눈동자가 움직이는 반응이 나타나는 현상과 같은 것이다.

심상법의 진행은 다음과 같다.

첫째, 내담자를 편안한 의자에 앉아 가볍게 이완하도록 한다.

둘째, 눈을 감고 편안하게 휴식하게 한다.

셋째, 내담자가 가장 좋아하는 상징을 떠올리게 지시한다.

넷째, 최면암시를 부여한다. 예를 들어, 빨간 장미꽃이라면 "○○님이 좋아하는 빨간 장미꽃을 바라봅니다. 바깥쪽의 색깔도 살펴보고 안쪽의 색깔도 살펴봅니다. 주위에 어떤 소리가 들리는지 귀 기울여 봅니다. 꽃잎을 가볍게 만져 봅니다. 향기를 맡아 봅니다. 장미의 향기를 깊이 들이마셔 봅니다."와 같은 암시를 반복하여 상태를 강화한다.

그림 46. 심상법

<심상법 최면유도문>

내담자가 안락의자에 편안하게 앉아서 몸을 최대한 이완하도록 지시한다. 편안하게 눈을 감고 내담자가 가장 좋아하는 심상에 의식을 집중하도록 유도한다. 기본적인 자세가 준비되면 다음의 최면암시를 부여한다.

자, 제 말에 주의를 집중합니다.

편안하게 제 말을 들을 때마다 지금 그렇게 된다고 생각합니다.

먼저, 숨이 들어오고 나아가는 느낌에 집중합니다.

숨이 천천히 몸 안으로 빨려 들어오고 천천히 나갑니다.

숨이 천천히 빨려 들어오고 천천히 나갑니다.

그렇게 천천히 들이마시고 내쉬는 것을 다섯 번 합니다.

숨이 들어올 때마다 우주와 자연의 가장 좋은 느낌들이 내 안으로 쭈욱 빨려 들어오고, 숨을 내쉴 때마다 내 안의 스트레스들이 쭈욱 빠져나간다고 생각합니다.

자, 이제 마음의 상상을 통해 ○○님이 좋아하는 빨간 장미를 떠올립니다.

편안하게 빨간 장미를 바라보시기 바랍니다.

빨간 장미를 바라볼 때마다 마음이 점점 편안해집니다.

빨간 장미의 바깥쪽 꽃잎을 바라봅니다. 꽃잎들을 편안하게 살펴보십시오.

그리고 바깥쪽 꽃잎의 색깔과 안쪽의 색깔도 살펴봅니다.

이제 빨간 장미꽃에 가까이 다가가서 장미의 향기를 맡아 봅니다.

독특한 장미만의 향기를 깊숙이 빨아들여 봅니다.

향기가 내 몸 안으로 빨려 들어올 때마다 몸과 마음이 편안해집니다.

이제 장미의 꽃잎을 살며시 만져 봅니다.

장미꽃잎의 부드러운 촉감을 느껴 봅니다.

장미꽃잎의 부드러운 촉감을 느낄 때마다 편안한 느낌이 전해집니다.

몸도 마음도 점점 편안해집니다. 점점 편안해집니다.

이제 편안한 느낌 속에서 몸도 마음도 깊이 휴식합니다.

편안하게 휴식할 때마다 몸은 깊은 휴식을 하게 됩니다.

편안하게 휴식할 때마다 마음은 완전한 자유와 평화를 느낍니다.

내담자가 편안하게 이완되는 것을 살펴보면서 다음 단계의 최면유도로 넘어간다.

8. 무찰법

무찰법(無擦法, Effleurage)은 최면의 아버지라고 불리는 메스머(Fanz Anton Mesmer)가 최면을 유도하고 치유할 때 사용한 안수법(按手法) 또는 안찰법(按擦法)과 같은 방법이다. 다른 점이라면 메스머와 같이 자석과 자기장을 활용하지 않고 손바닥을 이용한다는 점이다. 무찰법은 최면상담사가 내담자의 환부를 가볍게 누르며 최면암시를 부여하거나 신체의 부분 부분을 누르며 심신을 이완시키며 최면상태로 이끄는 방법이다. 이러한 방법은 기독교에서 안수기도할 때 머리 위를 손바닥으로 지그시 누르며 치유에 관련된 기도를 하는 것과 매우 흡사하다.

실제로 기독교 신약성경에는 예수가 환자들을 치료할 때 머리에 손을 얹고 병이 나을 것이라는 기도를 함으로써 치유하였다는 기사가 자주 발견된다. 이러한 기록을 보면 무찰법과 같은 방식의 치료는 오랜 역사 속에서 전승된 치유방식이라는 추정이 가능하다.

우리나라의 문화 속에서도 무찰법과 같은 전통을 쉽게 찾아 볼 수 있다. 예로부터 우리 가정에서는 아이들이 배가 아플 때 엄마가 아이의 배를 가볍게 쓸어 주며 '엄마 손이 약손이다'라는 말을 반복하면 실제로 아이의 배가 낫고 안정감을 회복했다.

동서양을 막론하고 무찰법과 같은 치유방식은 매우 보편적인 문화로 전승되어 최면, 안마, 마사지, 각종 대체요법에 영향을 준 것으로 보인다. 앞서 설명한 바와 같이 무찰법은 손바닥으로 환부 또는 신체 부위를 지그시 누르며 최면암시를 부여하여 치유를 시도하거나 최면을 유도하는 방법이다.

무찰법은 매우 고전적인 최면유도기법으로서 현재에는 많이 사용하지는 않는다. 왜냐하면 현대인들은 자신의 신체에 타인의 손바닥이 접촉되는 것을 거부하는 경향이 있고, 무찰법의 사용은 최면유도의 시간이 길다는 단점이 있다. 현재에는 고전적 최면유도기법인 무찰법보다는 언어를 기반으로 발달한 언어암시기법들이 보편적으로 사용되고 있다.

무찰법에 대한 최면유도과정은 다음과 같다.

첫째, 내담자를 편안한 의자에 앉게 한 다음 심신의 긴장을 이완하도록 지시한다.

둘째, 눈을 감고 편안하게 휴식하도록 지시한다.

셋째, 가벼운 복식호흡을 유도한다.

넷째, 사전암시를 부여한다. "제가 ○○님의 머리 위에 손을 대면 머릿속이 텅 빕니다.", "제가 ○○님의 어깨 위에 손을 대면 어깨가 축 늘어집니다."

무찰법은 위와 같은 방식으로 신체부위를 손바닥으로 부분부분 지그시 누르며 최면암시를 부여한다. 최면은 내담자가 최면을 받겠다는 사전 동의가 있을 때 유도되는 것이다. 그렇지만 심신의 고통으로 예민해져서 내방한 내담자의 신체부위를 무찰법을 적용하여 접촉할 때 불쾌한 반응이 발생할 수 있다. 최면유도기법은 내담자가 거부감 없이 편하게 받아들일 수 있는 기법을 적용하는 것이 가장 좋다.

그림 47. 무찰법

9. 신체이완법

신체이완법은 슐츠박사의 자율훈련(AT)과 같이 신체의 부분을 체계적으로 이완하는 방식이다. 또한 점진적 신체이완기법이라고 불리는 이완법도 마찬가지이다.

신체이완기법은 최면암시를 통해 신체의 부분 부분을 이완하여 궁극적으로 전신의 긴장이 완전히 이완되도록 유도하여 최면상태로 이끄는 방법이다.

가장 대표적인 신체이완기법인 슐츠박사의 자율훈련을 신체이완기법으로 진행하면 다음과 같다.

첫째, 내담자를 편안한 의자에 앉게 하고 가볍게 이완하도록 한다.
둘째, 눈을 감고 편안하게 휴식하게 한다.
셋째, 내담자가 복식호흡을 할 수 있도록 유도한다.
넷째, 최면암시를 부여한다. "왼팔이 매우 무거워집니다. 무거워집니다. 오른팔이 매우 무거워집니다. 무거워집니다."와 같은 암시를 반복하여 상태를 강화한다.

그림 48. 신체이완기법

<신체이완기법 최면유도문>

　내담자가 안락의자 또는 일반 의자에 편안하게 앉아서 몸을 가볍게 움직여 편안하게 눕도록 한다. 편안하게 눈을 감고 최면상담사의 최면 암시에 집중하도록 한다. 기본적인 자세가 준비되면 다음의 최면암시를 부여한다. 진행 순서는 중감훈련과 온감훈련을 왼팔, 오른팔, 양팔, 왼다리, 오른다리, 양다리, 양팔, 양다리의 순서로 진행한다. 그 후 호흡암시, 심장암시, 복부암시, 머리암시의 순서로 진행하고 마친다.

　자, 제 말에 주의를 집중합니다.
　편안하게 제 말을 들을 때마다 지금 그렇게 된다고 생각합니다.
　먼저, 숨이 들어오고 나가는 느낌에 집중합니다.
　숨이 천천히 몸 안으로 빨려 들어오고 천천히 나갑니다.
　숨이 천천히 빨려 들어오고 천천히 나갑니다.
　그렇게 천천히 들이마시고 내쉬는 것을 다섯 번 합니다.
　숨이 들어올 때마다 우주와 자연의 가장 좋은 느낌들이 내 안으로 쭈욱 빨려 들어오고, 숨을 내쉴 때마다 내 안의 스트레스들이 쭈욱 빠져나간다고 생각합니다.

<중감훈련>

자, 이제 왼팔에 의식을 집중합니다.
왼팔이 매우 무거워집니다.
왼팔이 매우 무거워집니다. 왼팔이 매우 무거워집니다.
마음이 점점 편안해집니다. 마음이 점점 편안해집니다.

오른팔이 매우 무거워집니다.
오른팔이 매우 무거워집니다. 오른팔이 매우 무거워집니다.
마음이 점점 편안해집니다. 마음이 점점 편안해집니다.

양팔이 매우 무거워집니다.
양팔이 매우 무거워집니다. 양팔이 매우 무거워집니다.
마음이 점점 편안해집니다. 마음이 점점 편안해집니다.

왼 다리가 매우 무거워집니다.
왼 다리가 매우 무거워집니다. 왼 다리가 매우 무거워집니다.
마음이 점점 편안해집니다. 마음이 점점 편안해집니다.

오른 다리가 매우 무거워집니다.
오른 다리가 매우 무거워집니다. 오른 다리가 매우 무거워집니다.
마음이 점점 편안해집니다. 마음이 점점 편안해집니다.

양다리가 매우 무거워집니다.

양다리가 매우 무거워집니다. 양다리가 매우 무거워집니다.

마음이 점점 편안해집니다. 마음이 점점 편안해집니다.

양팔 양다리가 매우 무거워집니다.

양팔 양다리가 매우 무거워집니다.

양팔 양다리가 매우 무거워집니다.

마음이 점점 편안해집니다. 마음이 점점 편안해집니다.

<온감훈련>

왼팔이 매우 따뜻해집니다.

왼팔이 매우 따뜻해집니다. 왼팔이 매우 따뜻해집니다.

마음이 점점 편안해집니다. 마음이 점점 편안해집니다.

오른팔이 매우 따뜻해집니다.

오른팔이 매우 따뜻해집니다. 오른팔이 매우 따뜻해집니다.

마음이 점점 편안해집니다. 마음이 점점 편안해집니다.

양팔이 매우 따뜻해집니다.

양팔이 매우 따뜻해집니다. 양팔이 매우 따뜻해집니다.

마음이 점점 편안해집니다. 마음이 점점 편안해집니다.

왼 다리가 매우 따뜻해집니다.

왼 다리가 매우 따뜻해집니다. 왼 다리가 매우 따뜻해집니다.

마음이 점점 편안해집니다. 마음이 점점 편안해집니다.

오른 다리가 매우 따뜻해집니다.

오른 다리가 매우 따뜻해집니다. 오른 다리가 매우 따뜻해집니다.

마음이 점점 편안해집니다. 마음이 점점 편안해집니다.

양다리가 매우 따뜻해집니다.

양다리가 매우 따뜻해집니다. 양다리가 매우 따뜻해집니다.

마음이 점점 편안해집니다. 마음이 점점 편안해집니다.

양팔 양다리가 매우 따뜻해집니다.

양팔 양다리가 매우 따뜻해집니다.

양팔 양다리가 매우 따뜻해집니다.

마음이 점점 편안해집니다. 마음이 점점 편안해집니다.

<호흡훈련>

편안하게 호흡하고 있습니다.
편안하게 호흡하고 있습니다. 편안하게 호흡하고 있습니다.
편안하게 호흡하고 있습니다. 편안하게 호흡하고 있습니다.
마음이 점점 편안해집니다. 마음이 점점 편안해집니다.

<심장훈련>

심장이 조용히 규칙적으로 뛰고 있습니다.
심장이 조용히 규칙적으로 뛰고 있습니다.
심장이 조용히 규칙적으로 뛰고 있습니다.
심장이 조용히 규칙적으로 뛰고 있습니다.
심장이 조용히 규칙적으로 뛰고 있습니다.
마음이 점점 편안해집니다. 마음이 점점 편안해집니다.

<복부훈련>

복부가 매우 따뜻해집니다.
복부가 매우 따뜻해집니다. 복부가 매우 따뜻해집니다.
복부가 매우 따뜻해집니다. 복부가 매우 따뜻해집니다.
마음이 점점 편안해집니다. 마음이 점점 편안해집니다.

<머리 훈련>

머리가 맑고 깨끗해집니다.
머리가 맑고 깨끗해집니다. 머리가 맑고 깨끗해집니다.
머리가 맑고 깨끗해집니다. 머리가 맑고 깨끗해집니다.
마음이 점점 편안해집니다. 마음이 점점 편안해집니다.

이제 편안하게 깊이 휴식합니다.

내담자가 깊이 이완된 것을 확인하고 다음 단계의 최면을 유도한다.

제3장 | 최면 심화법

　최면심화법은 기본적인 최면유도를 한 후에 필요에 따라 한 번 더 최면을 깊게 유도하는 방법이다. 최면심화법은 내담자가 호소하는 문제의 심각성에 따라, 기본적인 최면유도를 할 것인가 아니면, 더 깊은 수준의 최면으로 심화할 것인가를 판단한 후 사용한다.
　또한 최면심화법은 최면 피암시성이 낮은 내담자의 경우에 기본 최면유도 후 한 번 더 심화할 필요가 있을 때 사용한다.
　만약 최면 피암시성이 높은 내담자라면 기본 최면유도 후에 문제를 바로 다루는 것이 좋다. 왜냐하면 피암시성이 높은 내담자에게 심화법을 적용하면 잠에 빠져 버리기 때문이다. 이러한 판단은 최면상담사의 감각적 민감성과 임상경험을 통해 이루어진다.
　내담자가 최면유도를 몇 회기 이상 받게 되면 최면상태에 쉽게 빠져들기 때문에 초기 단계를 지나면 기본 최면만 유도한 후 심리상담 및 심리치료를 바로 시작하는 것이 좋다.

1. 수세기법

수세기법은 숫자를 거꾸로 세어 가며 더 깊은 최면으로 유도하는 최면기법이다. 대체로 수세기법으로 최면을 심화할 때는 숫자 10에서 1까지 거꾸로 세며 최면암시를 부여한다.

앞서 설명한 바와 같이 심화법을 지나치게 긴 시간 동안 진행하면 내담자가 잠에 빠져 버리기 때문에 내담자의 피암시성 수준에 따라 적용하는 것이 좋다. 내담자의 피암시성이 높은 경우에는 숫자 5에서 1까지 거꾸로 세기도 한다. 수세기법의 진행 과정은 다음과 같다.

<수세기법 최면심화유도문>

열, 몸도 마음도 더 깊은 휴식 속으로 쑤욱 들어갑니다.
아홉, 깊어집니다. 더 깊어집니다.
여덟, 편안해집니다. 더 편안해집니다.
일곱, 편안한 느낌 속으로 깊이 들어갑니다.
여섯, 깊어집니다. 더 깊어집니다.
다섯, 깊은 휴식 속으로 쑤욱 들어갑니다.
넷, 점점 더 깊이 휴식합니다.
셋, 깊이깊이 휴식합니다.
둘, 편안해집니다. 편안해집니다.
하나, 편안한 느낌 속에서 깊이 휴식합니다.

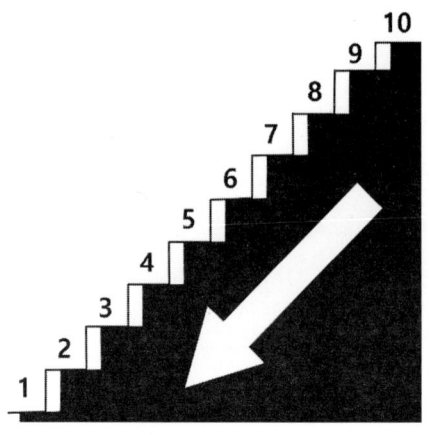

그림 49. 수세기법

2. 분리법

　분리법(dissociaton)은 내담자가 심리적 고통으로 과도하게 긴장하고 불안해서 기본 최면을 유도했는데도 심신이완이 충분하지 않을 때 내담자의 긍정적인 경험으로 주의를 이동시키는 기법이다. 분리법은 두 가지 경우에 사용된다. 첫째, 기본적 최면유도가 충분하지 않을 때 사용한다. 둘째, 최면유도 중에 내담자가 과거의 충격경험을 떠올려서 갑자기 공포반응을 보일 때 사용한다.

　따라서 최면상담사는 내담자를 초기 면접할 때 내담자가 어떤 병력이나 문제 경험이 있었는지를 충분히 살피고 진행해야 한다.

　분리법을 최면심화법으로 적용하기 위해서는 내담자가 좋아하는 꽃, 경치, 사람, 편안한 장소, 추억들을 사전에 파악하여 최면유도에 활용해야 한다.

왜냐하면 최면상담사가 내담자가 좋아할 것으로 추측한 꽃을 분리법으로 사용했을 때 내담자로서는 싫어하는 꽃일 수 있기 때문이다. 분리법은 심상법의 진행 과정과 동일하다. 다만 다소 짧은 시간을 적용하는 것이 좋다.

<분리법 최면심화유도문>

자, 이제 마음의 상상을 통해 ○○님이 좋아하는 빨간 장미를 떠올립니다.
편안하게 빨간 장미를 바라보시기 바랍니다.
빨간 장미를 바라볼 때마다 마음이 점점 편안해집니다.
빨간 장미의 바깥쪽 꽃잎을 바라봅니다.
꽃잎들을 편안하게 살펴봅니다.
그리고 바깥쪽 꽃잎의 색깔과 안쪽의 색깔도 살펴봅니다.
이제 빨간 장미꽃에 가까이 다가가서 장미의 향기를 맡아 봅니다.
독특한 장미의 향기를 깊숙이 빨아들입니다.
향기가 내 몸 안으로 빨려 들어올 때마다 몸과 마음이 편안해집니다.
이제 장미의 꽃잎을 살며시 만져 봅니다.
장미꽃잎의 부드러운 촉감을 느껴 봅니다.
장미꽃잎의 부드러운 촉감을 느낄 때마다 편안한 느낌이 전해집니다.
몸도 마음도 점점 편안해집니다. 점점 편안해집니다.

이제 편안한 느낌 속에서 몸도 마음도 깊이 휴식합니다.

편안하게 휴식할 때마다 몸은 깊은 휴식을 하게 됩니다.

편안하게 휴식할 때마다 마음은 완전한 자유와 평화를 느끼게 됩니다.

그림 50. 분리법

3. 연합법

연합법(association)은 내담자의 최면 피암시성이 낮을 때 기본 최면유도 직후 최면을 심화할 필요가 있을 때 사용하는 방법이다.

최면의 원리 중에 분리와 연합은 매우 중요한 개념이다. 위에서 설명한 분리법은 심리상태, 최면상태가 좋지 않을 때 최면상담사가 순발력 있게 좋지 않은 상태에서 분리시켜 안정감을 갖게 하는 것이다.

반면에 연합법은 처음부터 내담자가 좋아하는 꽃, 경치, 사람, 편안한 장소, 추억을 파악해서 최면유도에 적극적으로 활용하는 방법이다. 어떤 심화법이든 내담자가 최면을 여러 차례 경험해서 최면상태에 잘 들어가면 사용하지 않아도 된다.

최면은 경험이 누적됨에 따라 심신이완 훈련이 잘되기 때문에 적정 수준의 최면유도가 되었다고 판단되면 심리문제를 다루는 단계로 넘어간다.

연합법도 심상법의 진행 과정과 동일하다.

<연합법 최면심화유도문>

자, 이제 ○○님이 여행할 때 보았던 맑은 호수를 떠올려 보십시오.
맑고 투명한 호수의 물, 잔잔한 물의 표면을 바라보십시오.
맑고 투명한 호수를 바라볼 때마다 마음은 점점 편안해집니다.
이제 호수 옆 산책길을 따라 천천히 걷는 것을 상상합니다.
상쾌하고 신선한 공기를 깊이 빨아들여 봅니다.
신선한 공기가 몸 안으로 빨려 들어올 때마다 기분이 매우 편안해집니다.
이제 주변 숲에서 들려오는 새들의 노랫소리를 들어 봅니다.
아름다운 새들의 노랫소리를 들을 때마다 기분이 매우 편안해집니다.
이제 가장 편안한 장소에 앉아 편안하게 휴식합니다.
느긋한 여유와 자유 그리고 평화로움이 느껴집니다.

따스한 햇볕을 충분히 받으며 깊은 휴식을 시작합니다.
몸도 마음도 편안해집니다. 편안해집니다.

그림 51. 연합법

4. 무조건적 긍정적 존중법

무조건적 긍정적 존중법(unconditional positive regard)은 미국 심리상담의 대가인 칼 로저스(Carl Rogers)가 주창한 인간존중상담의 핵심이다. 무조건적 긍정적 존중이란 한 인간을 있는 그대로 존중하는 태도를 말한다.

이러한 태도를 갖는다는 것은 상대방의 말을 언어적, 비언어적으로 잘 경청하고, 일치적으로 반응하며, 공감적으로 이해하면서 상대방을 있는 그대로 수용해 주어야 한다는 것을 의미한다. 심리상담을 진행하거나 최면을 유도하는 과정에서 또는 문제 다루기를 진행할 때면 종종 내담자의 심리적 고통, 부정적 감정이 표출되기 마련이다.

이는 억압된 감정이 정화(catharsis)되는 치유 과정의 정상적인 반응으로 매우 긍정적인 변화와 성과를 얻는 기회가 된다. 가끔씩 내담자가 최면상태에서 감정이 통제할 수 없게 되어 눈물이 흐르거나 표정이 일그러지는 것에 당황하여 최면상태가 깨지는 경우가 있다. 이럴 때 아쉬운 점은 심리적 고통이 발생할 정도로 강하게 억압된 감정이 정화되어 치유될 기회를 놓치고 다시 억압된다는 점이다.

최면상담사는 내담자가 보이는 언어적, 비언어적 반응을 민감하게 살펴서 치유가 충분히 될 수 있도록 '있는 그대로를 존중하는 태도'를 취해야 한다. 최면유도 또는 치유과정에서 내담자의 최면상태를 깨지 않고 더 심화하여 좋은 성과를 얻기 위해서는 다음과 같은 최면상담사의 반응이 필요하다.

만약, 내담자의 눈가에 눈물이 고이는 것을 보았다면 "지금 ○○님의 눈가에 눈물이 맺혔는데, 어떤 기억이 떠올랐는지 궁금합니다.", "지금 눈물이 흐르고 있는데 그 눈물이 말을 한다면 뭐라고 말하고 싶을까요?", "지금 눈물이 흐르고 있는데 감정이 잘 흘러 나갈 수 있도록 허용해 주시면 좋겠습니다."

이와 같이 심리상담 또는 최면상담 과정에서 내담자가 보이는 변화를 있는 그대로 존중해 주는 것은 최면상담사와 내담자 간에 깊은 신뢰관계를 형성하게 한다. 이에 따라 최면상태에서 머물며 더 깊은 심리적 문제를 다룰 수 있는 기회를 가질 수 있게 된다.

특히 중요한 것은 무조건적 긍정적 존중과 함께 내담자가 힘들게 억압해 온 심리적 고통, 장애, 방해물, 걸림돌에 해당하는 문제경험을 언어적으로 표현할 수 있도록 돕는 것이다.

무조건적 긍정적 존중과 함께 공감적 질문(empathic inquiry, 소암 이동식)은 더 중요하다. 공감적 질문이란 감정적 정화와 더불어 과거에 말하고 싶었으나 말하지 못하고 가슴속에 고통스럽게 억압한 그 말을 할 수 있도록 하는 질문을 내담자에게 하는 것이다.

그림 52. 무조건적 긍정적 존중법

5. 암시휴지법

　암시휴지법(暗示休止法)이란 기본 최면유도를 통해 최면상태에 도달한 직후 내담자에게 잠시 휴식하는 시간을 허용하는 방법이다. 암시휴지법은 내담자를 언어암시를 통해 최면을 유도하다가 말을 멈춤으로써 내담자의 최면상태를 더 심화하는 원리를 적용하는 것이다. 통상 암시휴지법은 최면유도 직후 2~5분 이내가 적절하며 그 이상의 시간을 허용하면 내담자가 잠에 빠지거나 오히려 긴장할 수 있다. 최면상태에서 내담자는 계속 눈을 감고 있기 때문에 최면상담사가 완벽한 보호를 하고 있다는 깊은 신뢰가 유지되어야 한다.
　너무 긴 시간 동안 최면상담사와 내담자 간에 상호작용 또는 의사소통이 끊어지면 내담자는 불안해질 수 있기 때문에 주의해야 한다.

　암시휴지법의 진행은 다음과 같다.

<암시휴지법 최면유도문>

자, 이제 제가 3분간 말을 멈추고 있겠습니다.
제가 말을 멈추고 있는 동안 편안하게 깊이 휴식하시기 바랍니다.
3분 후에 다시 말을 건네도록 하겠습니다.
편안하게 휴식하시기 바랍니다.
(3분 휴식 후 최면유도문)

자, 이제 제 목소리에 편안하게 집중해 주시기 바랍니다.

제 목소리가 들리면 왼손 엄지손가락을 가볍게 올렸다 내려 주십시오.

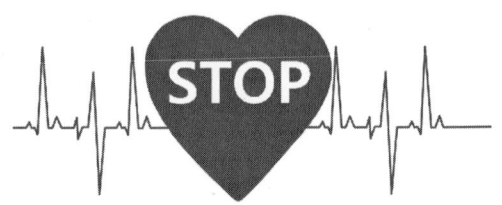

그림 53. 암시휴지법

6. 최면경험 듣기

최면경험 듣기는 최면상태에서 내담자의 반응을 살펴보기 위해서 사용하거나 최면상담 직후 내담자가 어떤 경험을 했는지 살펴보기 위해 사용한다.

최면경험 듣기를 통해서 최면상담사는 내담자가 최면과정에서 경험한 내용을 경청하고 공감해 줌으로써 내담자와 깊은 신뢰관계를 형성하게 된다. 또한 내담자의 경험을 토대로 어떤 점을 주의하거나 보완할지 계획하여 최면유도와 최면상담을 더 심화할 수 있다.

최면진행 과정과 최면상담 과정에서도 내담자의 반응을 살피며 지금 어떤 경험을 하고 있는지 질문하며 변화를 이끌어 가야 한다.

가장 좋지 않은 예는 내담자가 여러 가지 반응이나 변화를 나타냄에도 불구하고 반응을 살피지 않고 일방적으로 최면을 진행하는 것이다. 이런 일방적인 진행은 신뢰관계를 훼손하여 변화의 기회를 놓치게 한다. 최면경험 듣기의 진행은 다음과 같다.

<최면경험 듣기>

지금 ○○님이 숨 쉬기를 힘들어하는데 어떤 일이 일어나고 있나요?
지금 ○○님이 몸을 뒤척이고 있는데 어떤 불편이 있나요?
지금 ○○님이 얼굴이 붉어지고 있는데 어떤 일이 일어나고 있나요?
지금 ○○님이 눈물을 흘리고 있는데 어떤 일인지 말씀해 주실 수 있나요?

제5편

최면상담의 적용

우울, 불안, 두려움, 무기력 등이 발생하는 증상, 현상들이 사람의 몸과 마음에 발생하면 정상적인 생활은 깨지기 시작한다.
이러한 문제는 대체로 극복되기보다 반복되며 부정적 강화가 된 후 지속적으로 정신적 장애, 신체화 증상으로 나타나며 대인관계, 학습활동, 사회활동 등에 고통과 지장을 초래한다.
이 편에서 열거되는 몇몇 질환, 증상, 현상들에 대한 설명을 기초로 무의식, 뇌, 마음밭의 작용에 대해 이해할 수 있다.

제1장 | 심리상담 및 심리치료

1. 우울장애, 건들면 왠지 슬프고 눈물이 난다, 아무것도 하고 싶지 않다

생활 속에서 우울한 기분, 무감동, 식욕조절 실패, 불면, 수면과다, 초조감, 피로감, 무가치감, 죄책감, 집중력 저하, 우유부단, 죽음 공포, 자살 생각, 자살 기도와 같은 문제점들이 나타나면 우울장애로 진단한다. 위에서 열거된 여러 증상, 현상들은 무의식 영역에 억압된 심리문제, 원인이 의식 영역으로 밀어올린 결과들이라고 설명할 수 있다. 즉 원인과 결과라는 인과론으로 이해할 때 최면상담자는 항상 내담자의 무의식 영역에 어떤 심리적 상처, 충격, 고통들이 과거에 억압되었는지 살펴보아야 한다. 그 과거의 조건들을 현재 유사한 자극이 툭 건들면 눈물이 나고 우울해지고 아무것도 하기 싫고 짜증 나고 신경질 나고 열받는 쪽으로 우르르 무너진다. 이렇게 과거에 발생한 부정적인 경험, 고통스러운 경험, 미해결된 경험들이 결과적으로 의식 영역으로 표출될 때 우울장애를 구성하는 여러 증상, 현상들로 나타난다. 따라서 최면상담사는 내담자를 최면상태로 유도하여 원인으로 작용하는 문제경험들을 찾아서 심리상담 및 심리치료기법들을 적용하여 해소함으로써 결과적인 우울감을 해소하고, 심리적 안정감을 회복하도록 도와야 한다.

2. 불안장애, 나도 모르게 후두둑 긴장과 불안이 밀려온다

생활 속에서 비정상적이며 병적인 긴장, 불안과 공포가 심해서 두통, 심장빈박, 과호흡, 소화불량, 걱정, 신체화 증상이 나타난다. 이로 인해 직장생활, 학습활동, 대인관계 등에 어려움이 발생하며 고통이 지속되면 불안장애로 진단한다. 불안은 생존본능 중에 하나로서 불안감의 정도에 따라 직면한 현실, 대상과 '싸울 것인가? 도망칠 것인가?'를 결정한다. 그러나 사회 속에서 생존하는 인간은 항상 싸울 수도, 도망칠 수도 없기에 꾹꾹 참으며 살아가게 된다. 이렇게 이러지도 저러지도 못하는 조건에서 무의식에 억압된 부정적 생각, 감정들은 사람의 심신양면에 고통과 지장을 발생하게 한다.

따라서 최면상담사는 내담자에게 나타난 지나친 불안감을 무의식 속 어떤 원인이 의식수준으로 밀어 올리는지 살펴보아야 한다. 마치 조건-반사와 같이 반사적 반응처럼 불안감을 훅 밀어 올리는 문제의 원인은 무엇일까? 어린 시절의 초기경험, 성장과정의 어떤 자극, 사건, 상처, 충격 등은 모두 원인이 될 수 있다. 그중에 중증을 만드는 원인은 어린 시절 초기경험일수록 더 날카롭고 강렬하게 반응을 일으킨다.

상담심리학 영역에서 매우 중요하게 살피는 첫 기억, 초기경험, 최초의 사건이라고 하는 심리문제들은 어린 시절 아무런 방어력, 이해력, 대처능력이 미성숙한 상태에서 발생한 심리적 상처, 충격들이다. 따라서 그 당시 어린아이는 죽느냐 사느냐의 위협, 긴장, 불안, 공포심이 강도 높은 수준으로 무의식에 억압된다. 지금 성인으로서 그 기억은 작은 사건, 별거 아닌 일, 사소한 일, 막연한 스트레스로 인식될 수 있다. 그러나 무의식에 억압된 문제의 조건들은 현재에도 마치 어린아이가 두려움에 떠는 것처럼 갑자기 심장이 후두둑 떨리며 당황스러운 반응을 일으킨다. 최면상태에서 무의식에 억압된 내담자의 초기경험을 찾아낼 때면 내담자 자신도 이해하기 어려울 만큼 강렬한 감정들이 터져 나오는 것은 바로 위와 같은 이유 때문이다. 다시 말하지만 프로이트의 '원인이 멈추면 결과가 멈춘다'는 명언은 최면상담의 매 순간순간 그의 통찰이 정확했음을 증명해 준다.

3. 공황장애, 갑자기 죽을 것만 같은 공포심

예상하지 못하는 순간에 갑자기 심장이 심하게 뜀, 식은땀, 후들후들 떨림, 숨이 막히고, 가슴 통증, 메스꺼움, 어지러움, 쓰러질 것 같음, 비현실감, 통제력을 잃고 미칠 것 같음, 죽을 것 같음, 감각 이상, 춥거나 열이 나는 것과 같은 증상, 현상들이 나타난다. 실제로 발작하는 반응에 의해 쓰러지고 구급차를 타고 응급실을 갈 때도 있다. 공황장애로 고통받는 내담자들이 가장 두렵게 호소하는 말은 갑자기 죽을 것 같은 공포심, 내가 미쳐서 돌이킬 수 없게 될 것 같은 공포심이 순식간에 치솟는다는 말이다. 다른 종류의 심리문제로 고통받는 내담자들과 마찬가지로 공황장애의 경우도 최면상태에서 살펴보면 단 한 번의 충격 또는 반복된 충격이 공황장애를 일으키는 것을 알 수 있다.

일반적으로 공황장애의 문제가 표출될 정도면 매우 큰 충격을 많이 받아서일 것이라고 추측한다. 따라서 '나는 그런 큰 충격경험도 없는데 왜 이런 일이 발생하는지 이해가 안 된다'라며 혼란스러워한다. 그러나 공황장애 역시 최면상태에서 문제경험, 원인을 찾고 해소하면 돌변하듯 변화되어 안정적인 상태를 유지하는 사례를 볼 수 있다. 최면상담에서 공포반응, 불안반응의 원인을 해소함으로써 상태가 빠르게 호전되는 것을 필자의 임상경험을 통해 확인하였다. 이러한 결과는 원인과 결과로 문제를 이해할 때 문제를 촉발하는 원인이 해소되면 결과적 증상, 현상도 사라진다는 것을 입증하는 것이다. 임상사례를 비교해 보면 오히려 상대적으로 불안장애 영역의 문제보다 우울장애 영역의 문제 해소가 더 긴 상담 횟수를 필요로 한다. 마치 조건-반사와 같이 툭 건들면 화들짝 놀라는 반응은 무의식에 조건형성되어 반사적 반응을 일으키기에 그 조건을 깨면 반사적 반응은 사라진다.

4. 대인기피, 대인공포, 사회공포증, 사람이 좋다고? 아니 나는 왠지 두렵다

많은 이들이 낯선 사람과 이야기하거나 다른 사람들 앞에서 연설을 하는 등의 사회적 상황에 대한 두려움과 불안이 있어서 그런 상황을 최대한 피하려 한다.

'사람들이 나를 어떻게 볼까? 사람들이 나를 어떻게 생각할까? 사람들이 나를 어떻게 평가할까?'와 같은 생각과 두려움이 마음을 힘들게 한다. 사회생활을 하면 어쩔 수 없이 사람을 만나고, 예측할 수 없는 말, 반응에 당황할 수 있지만 순간순간 공포심이 심각하게 치솟는 경우가 있다. 심지어 이런 문제들로 인해 직업 활동까지 지장을 받아 위기감이 발생하기도 한다. 이래서 '내가 사회생활, 경제활동, 대인관계를 제대로 할 수 있을까?'를 반복한다.

지나친 긴장, 불안, 공포, 또 그런 일이 발생하면 어쩌나 하는 예기불안감, 도대체 어떤 문제, 원인이 사람을 이토록 힘들게 할까? 대부분의 원인은 어린 시절 또는 성장과정에서 가족, 또래관계, 사회적 관계에서 발생한 폭력피해를 직접 겪었거나 폭력피해에 노출된 경우에 문제가 발생한다. 특히 어린 시절에 이해력, 방어력이 없는 상태에서 강한 힘을 가진 가족 중 누군가에 의한 폭력을 반복, 지속적으로 당한 경우 전생애적으로 긴장, 불안, 두려움이 대인관계에서 반사적으로 발생한다. 또한 폭력을 직접 당한 것이 아닌 폭력 상황에 노출된 경우에도 무의식에는 직접 폭력피해를 당한 것과 동일한 긴장, 불안, 두려움이 반사적으로 나타난다.

일반적으로 직접 폭력피해를 당한 경우와는 다른 간접 피해를 당한 경우가 대인기피, 대인공포, 사회공포증을 유발하는 것을 이해하지 못하는 경우가 있지만 임상사례를 보면 거의 동일한 결과를 나타낸다. 어린 시절 이후에는 또래집단, 청소년기에 발생한 폭력피해, 성인기에 예측하지 못한 상황에서 발생한 사람과 관련된 공포 경험이 문제를 일으키는 경우도 있다. 한편으로 기질적 특성이라고 하는 사례 중에는 아기가 태중에 있을 때 어머니가 가정폭력, 긴장, 불안, 두려움, 심한 스트레스를 겪은 경우에도 출생 후 긴장, 불안이 지나치게 높게 나타나는 경우도 있다.

지금까지 열거된 문제점들, 원인들은 개인의 특성, 개인차에 따라 우울, 불안, 공황, 대인공포 그 외의 병, 증상, 현상으로 나타날 수 있다는 점을 이해할 필요가 있다. 왜냐하면 심리문제는 어떤 원인이 어떤 병, 증상, 현상을 정확하게 만든다고 단정적으로 말하기 어려울 만큼 다양한 변화를 일으키기 때문이다. 그러면 어떻게 해결할 것인가? 다른 여러 사례와 마찬가지로 무의식 영역에 억압되어 있는 충격, 상처, 피해 경험들을 찾아서 심리상담 및 심리치료를 통해 해소함으로써 결과적 반응을 해소해야 한다. 역시 최면유도를 통해 최면상태에서 그동안 강력하게 닫혀 있던 무의식의 문을 느슨하게 열고 그 당시의 상황에서 발생한 피해경험을 떠올려서 해소하는 것이 가장 수월한 방법이다.

5. 중독상담

최면상담, 심리상담 영역에서의 중독상담이란 흔히 알려진 알코올중독(술 의존증), 약물중독, 도박중독, 물건을 훔치는 도벽, 게임중독, 성중독, 음식중독 등의 심리적 의존성이 있는 중독을 다루게 된다. 중독은 중독을 더 심화, 강화하는 매개물질을 사용하거나 어떤 행위를 함으로써 심신양면의 긴장감, 불편감, 결핍을 해소하고 흥분, 만족감, 쾌감, 성취감, 보상 등을 얻게 된다.

중독상담의 큰 어려움은 중독 매개물이 주는 흥분, 만족감이 플러스 강화되어 왔기에 큰 손실, 희생이 발생했음에도 불구하고 단절하기 위한 동기가 희박하고 심지어 강한 저항이 발생한다는 점이다. 그것은 마치 아이가 늘 즐기던 달콤한 사탕을 빼앗길 때 나타나는 강한 저항과 매우 유사하다.

중독의 위험성은 중독 매개물질 사용, 행위를 반복함에 따라 심신건강이 심각한 상태로 악화된다는 것이다. 중독상태가 반복됨에 따라 심리적 의존성은 습관이 되고 일상생활이 되면서 자기 자신과 주변에 큰 피해상황이 지속되는 경우가 많이 발생한다.

특히 중독은 심리적 의존성이 강한 상태라서 그 문제를 치료, 해소하기 위한 의지나 동기가 자발적이지 못하고 주변인, 가족, 법적 조치 등에 의해 거의 강제로 등 떠밀려 치료하거나 변화를 시도하는 경우가 매우 많다.

이에 따라 당연히 강한 저항이 발생하여 치료사, 상담사, 가족, 주변 지인들도 초기 시도에서 많은 어려움을 겪게 되고, 치료 진행 중에 퇴행, 실패하여 다시 중독상태에 빠지면서 의지, 동기, 기회가 좌절되기도 한다.

대부분 중독자는 '나는 안 돼', '신만이 고칠 수 있어', '이걸 해서 될까', '그냥 이대로 살자'와 같은 심리적 혼란, 고통, 저항이 반복된다. 그만큼 중독이 다른 심리문제와 비교하기 어려울 만큼 심신을 황폐하게 만들고 삶을 파괴한다.

특히 그 개인과 주변인, 관계까지 고통의 소용돌이 속에 빠지게 하고 벗어나기 어렵게 만드는 무서운 질환으로 분류된다.

이렇게 고통스럽고 치료가 어려운 중독은 과연 최면상담에서 변화, 건강회복, 유지가 가능한 것일까? 일반적인 정신질환, 심리적 문제, 장애와 동일하게 중독의 원인도 심리적 상처, 좌절, 충격, 결핍들이 무의식 영역에 도사리고 있다.

중독치료에서 말하는 '내 병은 신만이 고칠 수 있다'는 말은 인간의 자발적 의지로는 도저히 고치기 어려운 질병이라는 선언이다. 중독이 몹시 힘든 문제라지만 최면상담 전문가는 문제 해결을 위해 무의식 속에 깊이 뿌리를 내린 문제의 원인들을 찾고 해소함으로써 결과적으로 나타난 중독상태를 해소한다.

심각성과 스트레스 강도가 높은 질환, 심리문제라고 해도 문제의 형성, 해결원리, 변화의 과정은 다른 심리적 문제를 다루는 것과 다를 수 없다.

왜냐하면 결국 무의식, 마음, 뇌의 특성, 작용, 반응이 같기 때문이다. 중독상담 역시 내담자가 고통과 지장, 문제의 심각성이 크다면 정신과 약물치료를 병행하는 것이 좋다. 그렇게 안정된 환경 속에서 최면상담을 진행하며 원인들을 처리할 때 더 효과적인 변화를 기대할 수 있다. 이미 알려진 임상사례에서 보듯이 간혹 단 한 번의 최면상담에서 핵심문제를 해소했을 때 심각하고 고질적인 문제가 소멸되는 경우도 있다. 즉 핵심문제를 찾아 해소하는 것이 핵심 중의 핵심과제이다. 그 문제가 반복되고 지속되었다면 최면상담에서 반복적으로 찾아서 정리하는 상담시간이 필요할 뿐이다.

제2장 | 학습력 증진

1. 학습장애

　상담사례를 바탕으로 학습장애를 설명한다면 일반적으로 알려진 발달적 학습장애, 학업적 학습장애와는 그 성격이 다르다. 최면상담, 심리상담을 필요로 하는 학습장애는 심리적 상처, 스트레스, 성장압력, 사회적 압력, 과도한 경쟁, 가족의 기대, 과도한 목표 등에서 발생한 심리문제가 학습활동에 장애를 일으켜 성과를 저해하는 경우를 말한다.

　대체로 정상적인 학습능력, 학습활동을 유지하다가 어떤 부정적인 자극을 받은 후 스스로 극복하지 못하고 반복적으로 유사한 조건에서 실수를 하며 악순환하는 것이 그 특징이다. 물론 미성년의 학생들이 스스로 극복하기에는 한계를 가지고 있기에 부모와 교사가 협력을 통해 학생이 학습장애를 발견하여 문제점을 해소할 기회를 갖게 해야 한다. 매우 주의할 점은 학습장애로 고통받는 주인공이 학생임에도 불구하고 오히려 질책을 당하고 스스로 자책함으로써 더 악화된다는 점이다. 따라서 최면상담, 심리상담을 통해 학습장애의 원인, 과정, 결과를 명료화한 후에 주요 원인을 해소함으로써 학습능력을 회복할 수 있도록 조력하는 것이 가장 중요하다.

2. 시험불안

시험불안 또는 시험공포라고 불리는 심리문제는 평상시에 공부를 충분히 잘하다가 시험 직전, 시험시간에 심한 긴장, 불안, 두려움이 밀려오게 되어 시험을 망치는 경우이다.

심지어 시험지를 받아 보는 순간 머리가 백지가 되거나 시험지 글씨를 읽을 수 없는 상태에 빠지는 경우까지 있다. 또는 학원시험은 잘 보고 학교시험은 망치는 경우도 있다. 시험불안은 과도한 성적 경쟁, 석차경쟁, 과도한 목표와 기대와 같은 요인들이 압력으로 작용한다. 그래서 본인과 주위의 기대 수준이 높은 영재아, 우등생, 상위권 학생들에게서 시험불안이 높게 나타나기도 한다.

특히 항상 상위권, 1등을 유지하며 늘 인정받고 칭찬받는 학생들 중에 자신의 작은 실수에 절망적인 반응을 보이는 경우가 있다. 이때 학생 자신뿐 아니라 부모님들까지 대혼란에 빠지며 불안감은 더 증폭된다. '다른 사람들이 나를 어떻게 볼까? 나를 어떻게 생각할까?'와 같은 생각과 불안이 밤낮으로 머릿속에 맴돌며 불안감으로 잠을 편히 잘 수 없게 되며 이러한 상태가 악순환한다. 한번 조건형성된 시험불안은 조건-반사와 같이 시험장면에서 반사적 반응으로 나타난다.

우리의 현실은 수험생활, 성적, 석차 등의 과도한 경쟁과 압박을 받는 미성년, 학생들이 너무 많은 것이 사실이다. 시험불안은 미성년 학생을 포함하여 대학생, 취준생, 직장인 승진시험 등에서도 흔히 나타나는 심리문제이기도 하다. 특히 미성년 학생은 미성숙한 영역이 당연히 많기에 쉽게 자신을 자책하며 더 힘든 상태로 빠져드는 경우가 많다.

최면상담, 심리상담은 피할 수 없는 압력에 끼여서 발생하는 심리적 고통을 해소하여 학습능력을 회복하도록 돕는다. 앞서 설명한 바와 같이 시험불안은 최초의 부정적 경험, 사건이 조건-반사와 같이 반복되기 때문에 최초의 문제 경험을 찾아 해소하는 것이 핵심이다. 어떻게든 스스로 해결하거나 극복할 수도 있겠지만 다시 퇴행하지 않도록 빠른 시기에 전문가의 도움을 통해 변화의 기회를 갖는 것이 좋겠다.

3. 집중력

집중력은 이해력, 기억력과 함께 학습능력에서 매우 중요한 능력이다. 일단 집중이 될 때 학습활동이 시작된다. 학습은 집중하고 이해한 후 기억을 하는 과정을 거치기 때문이다. 학습활동에 전념하고 있는 학생으로서는 집중이 안 된다면 심각한 문제일 수밖에 없다. 집중을 방해하는 원인들은 매우 다양한데, 생활 속에서 발생하는 스트레스, 부정적 감정, 발달과정의 변화와 부적응, 또래관계, 가족관계, 높은 목표에 의한 압력 등을 생각해 볼 수 있다.

특히 아동기, 청소년기에서 발생하는 작은 스트레스들이 미성숙한 그들에게는 매우 크게 부정적 영향으로 다가오면서 학습능력을 장기간 악화시키는 경우도 있다. 혼자서 끙끙거리며 부모도 모르게 힘들어하는 문제들, 어른, 부모가 생각하기에는 매우 단순하고 작은 자극이 큰 문제를 일으키는 경우도 있다. 이런 점을 생각할 때 매우 세심하게 살피고 돌봐야 할 필요가 있다. 이와 같은 미성년, 성인 모두에게 집중력을 방해하는 심리적 문제는 최면상담, 심리상담을 통해 원인을 찾고 해소하면 일차적으로 집중력이 회복되는 것은 분명한 사실이다. 또한 심리문제를 해소한 후 훈련을 통해서 집중력을 새롭게 형성하고 유지할 수도 있다. 간단한 집중력 훈련은 뇌기능과 감각이 다양하게 작용하는 상태를 단순화하여 감각을 통일시키는 것이다. 흔히 하는 집중력 훈련 중에 흰 종이에 동전만 한 점을 그려 놓고 시각적으로 집중한 후 청각적으로 집중, 집중, 집중과 같은 자기최면암시를 반복하면 단순한 집중력 훈련이 가능하다. 이렇게 훈련된 집중력을 학습상황에 적용하면 학습능력으로 활용될 수 있다.

다른 예를 들면 불교수행법 중에 간화선의 대표적인 무(無) 자 화두가 좋은 집중력 훈련법으로 활용될 수 있다. 물론 큰 깨달음을 위한 수행법이지만 집중력 훈련과 일치하는 방식이기도 하다. 즉 다양하게 열려 있는 감각의 창을 단 하나의 창으로 좁혀서 집중력을 훈련한 후 훈련된 감각을 학습활동에 활용하는 방식이 집중력 훈련의 핵심이다.

우리는 일상 속에서 잡념, 스트레스, 번뇌망상이라는 집중력 방해요소에 반복적으로 시달리고 있다. 나도 모르게 잡념에 휩쓸리는 것을 반복, 지속하면서 부정적 상태를 훈련하는 결과를 만든다. 뇌는 긍정적 훈련이든 부정적 훈련이든 그에 따른 결과를 만들어 낸다. 영어 훈련은 영어능력을, 스페인어 훈련은 스페인어 능력을 만들어 내는 것과 동일하다. 나는 지금 어떤 훈련을 하고 있나? 어떻게 변화하는 것이 좋을까?

4. 틱장애

틱장애는 특별한 목적이 없이 반복되는 갑작스러운 동작으로, 운동틱과 음성을 내는 음성틱으로 구분된다. 증상이 오래되어 문제의 심각성이 높아지면 뚜렛장애로 분류되기도 한다. 학습장애와는 별개로 틱장애, 뚜렛장애를 설명하는 이유는 이 문제들이 아동기, 청소년기에 발생하여 일상생활에 스트레스를 만들고, 학습활동을 방해하기 때문이다. 틱의 형성은 어떤 긴장, 불안, 불편감을 해소하는 방식으로 최초에 형성되었다가 무의식적, 반사적, 습관적으로 틱행동과 틱음성을 나타내는 것을 알 수 있다.

따라서 틱장애는 최초의 문제경험이 반복, 지속됨으로써 무의식 영역에 조건형성된 후 반사적 반응으로 나타난다고 이해할 수 있다. 이 전제를 기초로 틱장애를 교정하는 과정과 원리를 설명하면 다음과 같다.

첫째, 아동에게 형성된 무의식 속 조건형성은 아직 견고하지 않은 상태이다.
둘째, 의식이 명령하면 무의식은 복종하고 실행한다.
셋째, 틱행동, 틱음성을 대체할 대안행동을 만들어 훈련시킨다.
넷째, 친절하고 안정적인 음성으로 변화를 시도한다.

틱장애를 겪는 아동은 일차적으로 가족이나 또래들로부터 지적, 핀잔, 비난을 듣는 경우가 많다. 이 과정을 통해 심리적인 긴장, 불안감의 압력이 더 증가하며 증상이 악화된다. 아래에 소개하는 방식을 적용하면 의외로 빠르게 교정할 수 있다. 그러나 이 방법이 잘 듣지 않는다면 심각한 경우이므로 전문가의 도움을 받아서 교정하는 것이 좋겠다.

<최면 틱장애 교정법>

첫째, 최면 고정응시법을 사용하여 아동의 눈동자가 자신의 눈썹을 바라보도록 유도한다. 눈동자의 흰자위가 많이 드러날수록 좋다.

둘째, 그 상태에서 "앞으로 킁킁(운동틱, 음성틱 특징을 말함)하지 마세요. 알겠죠?"라고 말한다.

셋째, 대답은 무조건 "네, 알겠습니다."로 한다.

넷째, 대안행동을 제시하고 훈련시킨다. 대체로 호흡법을 훈련시키면 매우 좋다.

숨을 천천히 들이마시고 길게 내쉽니다. 최소 세 번을 반복해서 지도한다.

첫째에서 셋째까지를 미리 연습한 후 실시해도 좋다. 둘째와 셋째를 최소 세 번에서 다섯 번을 반복한다. 그 후 넷째 대안행동을 연습하며 마친다.

어떤 경우의 틱이든 이 문제가 최초에 조건형성된 상황을 찾아낸다면 매우 좋겠지만 아동기, 청소년기에 문제경험을 뚜렷이 기억하지 못하는 경우가 많다. 이 최면 틱장애 교정법을 사용하면 의외로 쉽게 틱이 교정되는 것을 경험하게 될 것이다. 이 틱장애 교정법을 통해 그동안 틱으로 인해 자신과 주변에 스트레스가 발생했던 것이 멈추고 학습능력이 증진되기를 기대한다.

제3장 | 자기관리 최면

1. 자기최면명상 마음관리법

 최면명상 즉, 최면을 활용하는 명상은 최면유도기법을 통해 쉽게 심신이완을 한 후, 호흡 관찰하기, 마음의 변화, 몸의 변화 관찰하기, 어떤 주제에 대한 통찰하기 등을 하는 것이 기본적인 방식이다. 또한 아름다운 경치, 일출, 일몰, 성공경험, 행복한 경험 등을 마음의 눈으로 관찰하는 것도 몸과 마음에 긍정적인 변화를 만드는 좋은 방법이다. 여기서 설명하는 명상(meditation)은 심신건강 증진을 위해 뇌파가 알파파 상태로 변화되도록 이끌어 가는 방식을 말한다. 일반적으로 알려진 명상 방식은 자기최면유도방식과 매우 유사하다. 그러나 뇌파를 알파파 상태로 변화시켜 쾌감호르몬인 베타엔도르핀이 분비되는 상태로 이끄는 것은 최면유도기법이 탁월하다고 할 수 있다.
 최면명상을 쉽게 즐기기 위해서는 먼저 타인최면으로 심신이완훈련을 한 후에 자기최면기법을 스스로 반복훈련하면 뇌파가 알파파로 변화되어 심신상태가 매우 편안하고 쾌적한 느낌 속에 머물 수 있게 된다. 이와 같은 명상상태, 최면상태에서 최면표준암시인 '나는 날마다 모든 면에서 더욱 좋아진다'를 20회씩 자기최면암시를 부여하는 것도 무의식 영역에 긍정적 조건을 형성한다.

표준암시는 필요에 따라 다양한 목적어를 넣어서 최면암시를 만들어 사용할 수 있다. 어떤 목적의 최면암시든 잠자기 직전, 잠 깨기 직전, 최면명상할 때 각각 20번을 반복하는 것이 가장 효과적이다. 몇 가지 예를 들면 다음과 같다.

"나는 날마다 더욱 건강해진다.", "나는 날마다 상쾌한 공기를 더욱 좋아한다.", "나는 날마다 토익 900점을 만든다.", "나는 날마다 애인을 더욱 사랑한다.", "나는 날마다 아내를 더욱 사랑한다.", "나는 날마다 돈을 더욱 많이 번다.", "나의 기억력은 날마다 더욱 좋아진다.", "나의 집중력은 날마다 더욱 좋아진다."

심신건강을 위해서 최면명상을 활용하든, 삶의 목표를 달성하기 위해서든 뇌파가 알파파 상태로 내려갈 때 나타나는 무의식 상태, 명상상태, 최면상태에서 좋은 씨앗을 심게 되면 좋은 열매를 거두게 된다. 즉 마음밭에 좋은 마음씨를 심는 것이다.

핵심은 모든 나의 잠재능력, 역량, 자원을 목표에 온통 집중하게 만드는 것이다. 의식의 명령어를 무의식은 반드시 실행한다.
이러한 핵심 원리는 스스로 최면암시를 반복 강화하며 실험해 보면 알게 된다. 심지어 생활 속에서 최면암시를 잊었다고 해도 이미 최면암시로 부여한 목표가 실현되고 있거나 완결되었음을 발견하게 된다.
따라서 생활 속에서 목표암시를 부여하고 강화하며 살았느냐 그렇지 않고 우왕좌왕하며 살았느냐는 단기, 중기, 장기적으로 성과에 큰 차이를 만든다.

(1) 자기최면명상법

준비단계로서 소파, 침대, 의자 등에 앉거나 누워서 기본적인 심신이 완이 될 수 있도록 한다. 만약 가부좌 또는 반가부좌와 같이 명상자세에 훈련되어 있다면 명상자세도 좋다. 잔잔한 음악을 틀어 놓아도 좋다. 조명은 조도 조절이 가능한 조명기구를 사용하여 적당히 낮추는 것이 좋다.

기본적인 방법은 눈을 편안하게 감은 상태에서 낮은 목소리로 자신의 귀에 속삭이듯이 호흡법과 신체이완기법을 다음의 순서대로 진행한다.

준비암시

이제부터 아무 생각 없이 몸도 마음도 깊이 휴식하겠다. 오직 깊이 휴식하겠다.

시간이 흐를수록 점점 더 깊이 휴식하게 된다. 깊이 휴식하게 된다.

호흡법

숨을 천천히 들이마시고 내쉬며, 숨을 들이마실 때마다 주위에 가장 좋은 기운이 내 안으로 빨려 들어오고, 숨을 내쉴 때마다 내 안의 스트레스들이 쑤욱 빠져나간다고 생각한다.

숨을 들이마시고 천천히 내쉰다.

신체이완기법

다음 암시문을 각각 열 번씩 반복한다.

양팔이 매우 무겁다.

양다리가 매우 무겁다.

양팔, 양다리가 매우 무겁다.

마음이 매우 편안하다.

양팔이 매우 따뜻하다

양다리가 매우 따뜻하다.

양팔, 양다리가 매우 따뜻하다.

마음이 매우 편안하다.

목표암시 부여

개인의 목표에 따라 미리 만들어 놓은 목표암시를 20회 반복한다.
표준암시 "나는 날마다 모든 면에서 더욱 좋아진다."

최면에서 깨어나기

잠시 휴식을 한 후 천천히 호흡을 들이마시고 내쉬는 것을 5회 진행하고 5회에서 눈을 뜨고 마친다.

최면암시의 효과는 반복하고 지속하여 플러스 강화시킴으로써 나타난다.

(2) 스트레스 해소법

모두들 경험했겠지만 명상, 기도, 묵상, 참선, 멍때림 등의 순간에 무의식에서 뽀글뽀글, 부글부글 올라오는 불쾌한 기억들 때문에 좋은 시간을 망치는 경우가 있다. 무의식 영역에 억압되어 있는 과거의 미해결 과제들은 끊임없이 '이것' 때문에 힘들다고 의식 영역으로 밀어 올린다. 그것들을 자동적으로 되새김질하는 불쾌한 미해결 과제들은 어떻게 처리해야 조용해질까?

몇몇 기술적인 방법들은 다음과 같다.

첫째, 불쾌한 기억이 떠오르면 그것을 알아차리고 "○○이 있어서 힘들었구나."라고 인정하고 흘려보내기를 함으로써 그 영향력이 점점 희석된다. 집착하거나 싸움하지 않고 놓아 버리는 것이다.

둘째, 그 기억이 떠오르면 미해결 과제, 숙제이기 때문에 완결시킴으로써 놓아 버릴 수 있다. 상상력을 통해 불쾌한 상태를 완성, 완결, 해결된 상태로 변형한 후 놓아 버린다.

셋째, 그 기억이 떠오르면 호흡법을 통해 그 감정의 에너지를 몸 밖으로 내보낸다. 그 기억, 생각, 감정이 움직이는 것을 알아차린 후 가슴으로 숨을 깊이 들이마시고 입술 사이로 길게 내쉼으로써 감정의 에너지를 방출한다.

넷째, 그 기억이 떠오르면 단순한 호흡에 집중해서 그 생각, 감정으로부터 분리시킨다. 즉, 그 기억이 떠오르면 알아차린 후 즉시 들숨, 날숨을 관찰하는 쪽으로 집중한다. 숨을 들이마시고 내쉴 때마다 '하나'

라고 반복해 준다. 오직 '하나'만 마음속으로 세거나 낮은 목소리로 말한다.

 이러한 방식으로 무의식 영역에 억압된 불쾌한 미해결 과제들을 일차적으로 해소한다. 불쾌한 기억이 반복적으로 떠오르고 감정에 휩싸이는 경험이 반복되며 시간이 길어지면 문제가 해결되기보다는 마이너스 강화되어 심리상태는 더 나빠진다.

 마지막으로 매우 중요한 스트레스 해소법을 소개하면 다음과 같다. 이 방법은 스트레스를 해소하는 동시에 낮아진 자존감과 자신감을 증진시키는 작용을 한다. 무의식 영역에 마이너스 강화된 불쾌한 경험, 미해결 과제가 떠오를 때 멈춤 신호를 사용하여 의도적으로, 강제로 멈추게 하는 방법이다.

<진행 과정>

 첫째, 불쾌한 경험, 미해결 과제가 무의식적으로, 습관적으로, 자동적으로, 나도 모르게 어느새 뽀글뽀글, 부글부글 올라오면 강하게 '멈춰(stop)'와 같은 명령어로 중지시킨다.
 둘째, 살아오면서 경험한 작고 큰 성공경험을 하나씩 찾아서 스스로 인정, 수용, 칭찬을 크게 한다. 약간 과장하는 느낌이 들 수 있는 정도로 진행한다.

셋째, 그 성공경험을 확인해주는 자기최면암시를 만들어 20회 반복한다. 여기서 중요한 것은 주어를 '내가' 또는 '나는'을 사용하고 성공한 일을 목적어로 넣는 것이다. 예를 들어 "나는 ○○을 성공시켰다.", "나는 ○○을 해냈다.", "내가 ○○을 성공시켰다.", "내가 ○○을 해냈다."와 같은 자기최면암시문을 사용하면 된다.

다시 말하지만 무의식 영역은 내가 무엇을 심고 정성을 다해 기르느냐에 따라 결과를 맺는다. 무의식, 마음밭에는 플러스든 마이너스든 심는 대로 자라난다. 시작은 다소 힘들 수 있겠지만 결단과 행동이 성공의 핵심이다. 결단을 내려 의도적으로 플러스 강화하는 쪽으로 대전환을 반복하고 지속하면 반드시 효과가 나타난다.

2. 자존감 증진, 자기 사랑하기

자존감이라는 이름으로 널리 알려진 자아존중감(self-esteem)이란 자기 자신의 능력과 가치에 대한 평가적 정서(Rogenberg, 1965), 즉 자기 자신이 자신에 관한 여러 구성요소에 대해 존중하는 마음, 느낌, 정서라고 설명할 수 있다. 가족치료의 창시자 중 한 명인 버지니아 사티어(Virgina Satir)는 자아존중감 증진을 상담에서 매우 중요하게 다루었는데, 자존감을 자신에게 가지는 애착, 존중, 사랑, 신뢰를 느끼는 기본 욕구로 설명하였다. 자존감은 최초로 어린아이가 부모로부터 받는 좋은 양육태도, 반응, 사랑받음의 결과로 형성된다. 그 후 성장과정에서 자신과 타인의 상호작용을 통해 자존감이 낮아지기도 하고 증진되기도 한다.

　연구결과에 의하면 자존감도 적절히 높은 경우가 정신건강 증진에 기여하고, 지나치게 높은 경우 자기애성 성격으로 치우치는 경향이 있다고 알려져 있다. 반대로 낮은 자존감이 정신건강에 모두 나쁜 영향을 주는 것만은 아닌데, 성장과정에서 발생하는 작고 큰 좌절을 극복하는 경험은 현실의 생존능력, 적응능력을 증진시킨다는 낮은 자존감의 역설적 기능을 말하기도 한다.

　버지니아 사티어는 아이를 양육하는 과정에서 아이의 자존감을 증진시키기 위해서는 좋은 양육, 사랑, 영성을 중요시했는데, 그중에서 부모의 사랑이 가장 중요하다고 강조하였다. 이렇게 사랑받은 경험은 사랑의 정서를 심리내면에 형성한 후 그 경험을 기초로 자기 자신을 사랑하고 타인에게 사랑을 주며, 타인의 사랑을 받아들이는 선순환 구조를 형성한다. 특히 자기 자신을 사랑하는 자기 사랑은 사랑에 관한 상호작용 중에 가장 중요하다.

　이런 점에서 최면상담을 진행할 때 타인최면으로 유도하여 내담자의 자존감을 증진시키는 것은 매우 중요한 상담 목표이다. 여기에서는 자기최면명상으로 스스로 최면상태에 도달하여 자존감을 증진하기 위한 자기 사랑하기를 연습해 본다. 자기최면유도 과정은 동일하다.

<자기최면명상법>

　준비단계로서 소파, 침대, 의자 등에 앉거나 누워서 기본적인 심신이 완이 될 수 있도록 한다. 만약 가부좌 또는 반가부좌와 같이 명상자세에 훈련되어 있다면 명상자세도 좋다. 잔잔한 음악을 틀어놓아도 좋다. 조명은 조도 조절이 가능한 조명기구를 사용하여 적당히 낮추는 것이 좋다.

기본적인 방법은 눈을 편안하게 감은 상태에서 낮은 목소리로 자신의 귀에 속삭이듯이 호흡법과 신체이완기법을 다음의 순서대로 진행한다.

준비암시

이제부터 아무 생각 없이 몸도 마음도 깊이 휴식하겠다. 오직 깊이 휴식하겠다.

시간이 흐를수록 점점 더 깊이 휴식하게 된다. 깊이 휴식하게 된다.

호흡법

숨을 천천히 들이마시고 내쉬며, 숨을 들이마실 때마다 주위에 가장 좋은 기운이 내 안으로 빨려 들어오고, 숨을 내쉴 때마다 내 안의 스트레스들이 쑤욱 빠져나간다. 숨을 들이마시고 천천히 내쉰다.

신체이완기법

다음 암시문을 각각 열 번씩 반복한다.

양팔이 매우 무겁다.
양다리가 매우 무겁다.
양팔, 양다리가 매우 무겁다.
마음이 매우 편안하다.

양팔이 매우 따뜻하다

양다리가 매우 따뜻하다.

양팔, 양다리가 매우 따뜻하다.

마음이 매우 편안하다.

목표암시 부여: 자기 사랑하기

　최근의 기억, 성장과정의 기억, 어린 시절의 기억들 중에서 자기 자신이 사랑받은 기억, 소중하다고 느낀 기억, 성공한 기억, 칭찬 받은 기억과 같은 기억들을 하나씩 찾아내어 그 당시의 감정을 충분히 느끼며 즐기는 시간을 갖는다.

　자기 사랑하기를 위한 자기최면암시문의 예를 들면, "나는 사랑받고 자랐구나.", "나는 사랑받을 만했구나.", "나는 사랑받을 만한 자격이 있었구나.", "나는 소중한 사람이었구나.", "내가 ○○을 성공시켰다.", "내가 ○○을 해냈다.", "나는 그 당시에 ○○이라고 칭찬을 받았다.", "나는 ○○한 능력이 있다.", "나는 ○○한 가치 있는 사람이다.", "나는 ○○한 의미 있는 사람이다." 이와 같은 암시문을 만든 후 긍정적 기억을 하나 찾아 상상하고 즐기면서 언어암시를 낮은 목소리로 20회씩 귀에 들리게 말해 준다. 그다음 기억을 회상하는 것을 반복하며 시간을 보낸다. 이러한 시간을 진행하며 몸과 마음으로 사랑의 감정, 성공적인 감정, 긍정적 감정들을 충분히 활성화시킨다.

최면에서 깨어나기

　긍정적 감정들을 충분히 느끼고 간직하며 잠시 휴식을 한 후 천천히 호흡을 들이마시고 내쉬는 것을 5회 진행하고 5회에서 눈을 뜨고 마친다. 최면암시의 효과는 반복하고 지속하여 플러스 강화시킴으로써 나타난다.

앞서 설명한 바와 같이 나도 모르게 한순간 과거의 불쾌한 기억이 떠오르고, 그것을 억압하기를 반복하는 경우가 있지만 자기 사랑하기를 위한 자기최면명상은 적극적인 의도를 가지고 긍정적인 내적 자원을 활성화하는 방법이다.

무의식, 뇌, 마음밭에는 무엇을 심고 가꾸느냐에 따라 그 결과를 얻는다. '마음씨, 마음먹기 달렸다'와 같은 말에는 이러한 원리가 숨어 있다. 어떤 마음씨를 마음밭에 심느냐, 어떤 마음을 먹을 것인가는 나 자신의 의도, 의지, 결단에 달렸다. 정성을 다해 자기 사랑하기를 반복하면 자존감이 향상되어 정신건강이 증진되는 것을 생활 속에서 경험하게 될 것이다.

참고문헌

고기홍·김경복·양정국(2012). 밀턴 에릭슨과 혁신적 상담. 서울: ㈜시그마프레스.
고제원(2003). 최면과 최면수사. 서울: 학지사.
고제원(2008). 최면의 이론과 실제. 서울: 학지사.
김동기·김분(2012). 나를 변화시키는 행복한 상상, 자기암시(Self Mastery Through Conscious Autosuggestion by E. Cuoe, 1922). 서울: 화담
김미리혜(2016). 히스테리연구("On the Psychical Mechanism of Hysterical Phenomena: Preliminary Communication", in Studies on Hysteria, Standard Ed., by Freud, S. & Breuer, J. 1893). 경기: 열린책들.
김병석·임경자(2011). 최면으로 창조하는 삶. 서울: 하나의학사.
김상운(2011). 왓칭. 서울: 정신세계사.
김영국(1998). 최면을 알면 인생이 바뀐다. 서울: 평단문화사.
김철호(1995). 브라이언 와이스의 전생요법(Through Times Into Healing by Brian L. Weiss, simon & Shuster, 1993). 서울: 정신세계사
류한평(1999). 타인최면. 서울: 갑진출판사.
문동규(2017). 의식을 여는 마스터키, 최면. 서울: 렛츠북.
설기문(2004). 최면과 최면치료. 서울: 학지사.
설기문(1998). 최면과 전생퇴행. 서울: 정신세계사.
설기문(2009). 에릭슨 최면과 심리치료. 서울: 학지사.
설기문(2009). 최면상담(Hpnocounseling by Hugh Gunnison, 2003). 서울: 학지사.
신희천(2013). 상담과 심리치료 주요 인물 시리즈 13. 밀튼 에릭슨(Milton H. Erickson by Jeffery K. Zeig & W. Michael Munion.). 서울: 학지사.
우재현(2002). 밀턴 에릭슨의 최면치료 입문(Solution-Oriented Hypnosis-An Ericksonian Approach by William H. O'Hanlon & Michael Martin. W. W. Noton & Company Inc, 1992). 대구: 정암서원
이원섭(1980). 불교대전. 서울: 현암사.
이윤주·양정국(2007). 밀턴 에릭슨 상담의 핵심. 은유와 최면. 서울: 학지사.
이준석·임태홍(2004). 내 안에 살고 있는 타인, 다중인격(TAJUUJINKAKA by Hideki Wada, 1998). 서울: 학지사.
이준석(2002). 임상최면요법. 서울: 하나의학사.
정동하(2002). 한권으로 완성하는 최면 테크닉. 서울: 평단문화사.
죠시 하들리·캐롤 스타대커(1997). 변화를 위한 최면요법. 서울: 서림문화사.